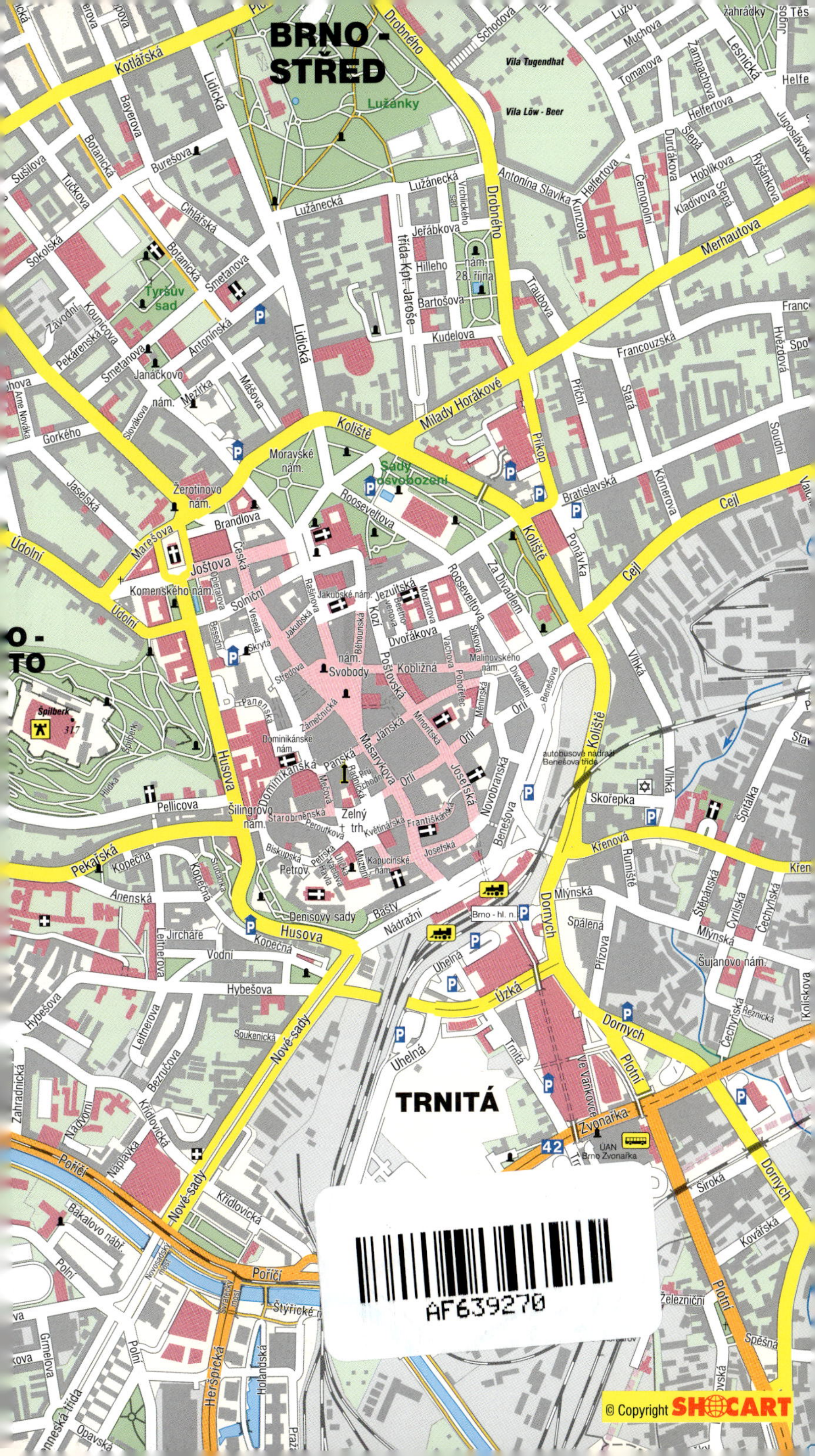
BRNO - STŘED
Lužánky
Vila Tugendhat
Vila Löw - Beer
Tyršův sad
Janáčkovo nám.
Moravské nám.
Sady osvobození
Žerotínovo nám.
Komenského nám.
Jakubské nám.
nám. Svobody
Malinovského nám.
Dominikánské nám.
Zelný trh
Šilingrovo nám.
Kapucínské nám.
Petrov
Denisovy sady
Špilberk
317
autobusové nádraží Benešova třída
Brno - hl. n.
TRNITÁ
ÚAN Brno Zvonařka
42
nám. 28. října
Šujanovo nám.
Kotlářská
Lidická
Drobného
Lužánecká
Botanická
Sušilova
Tučkova
Sokolská
Kounicova
Pekařská
Údolní
Husova
Nové sady
Koliště
Cejl
Merhautova
Milady Horákové
Francouzská
Bratislavská
Masarykova
Dornych
Uhelná
Úzká
Plotní
Zvonařka
Křenová
Poříčí
Heršpická
Nádražní
Benešova
Josefská
Orlí
Kobližná
Poštovská
Česká
Joštova
Pellicova
Hybešova
Křídlovická
Vodní
Mlýnská
Spálená
Skořepka
Vlhká
Špitálka
Štěpánská
Cyrilská
Kolárská
Širokà
Kovářská
Železniční
Spěšná
Polní
Opavská
Grmelova
Holandská
Bakalovo nábř.

Irene Hanappi

Brünn

GEHEN, SEHEN & GENIESSEN

7 Routen durch die Hauptstadt Mährens
Geschichte, Kultur, Sightseeing,
Essen, Trinken, Stadtleben

FALTER VERLAG

ISBN 978-3-85439-720-5

1011 Wien, Marc-Aurel-Straße 9
T: +43/1/536 60-0, F: +43/1/536 60-935
E: bv@falter.at, service@falter.at
W: faltershop.at

Autorin: Irene Hanappi
Lektorat: Helmut Gutbrunner
Fotos: Bildnachweis auf Seite 130
Karten: SHOCart, spol. s.r.o.
Umschlagdesign: Dirk Merbach
Grafik und Layout: Marion Großschädl
Bildbearbeitung: Nadine Weiner, Marion Großschädl
Produktion: Falter Verlag
Druck: Florjančič tisk d.o.o., SL 2000 Maribor

FSC www.fsc.org MIX Aus verantwortungsvollen Quellen FSC® C106954

Dieses Buch erhebt keinen Anspruch auf Vollständigkeit. Obwohl wir versucht haben, so gründlich wie möglich zu sein, können wir Änderungen bei aktuellen Angaben wie Öffnungszeiten, Telefonnummern etc., die sich nach Erscheinen des Buches ergeben haben, nicht ausschließen. Bitte haben Sie dafür Verständnis, dass wir keine inhaltliche Haftung übernehmen.

Legende

= Kaffeehaus
= Restaurant, Gasthaus
= Pup
= Bar
= Hotel
= Sightseeing
= Kultur
= Shopping

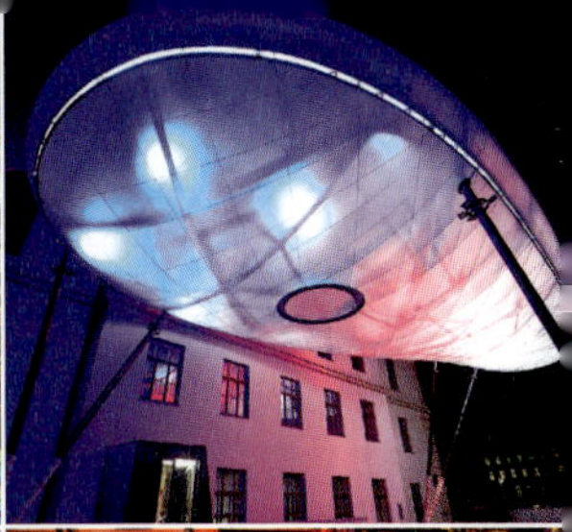

MANGO

Láska

Warum Brünn?

Aus der Ferne betrachtet lässt das Panorama mit der eindrucksvollen sepiafarbenen Silhouette des Domes und der mittelalterlichen Burg ein schlafendes Dornröschen erwarten. Doch schon ein Tag in Brünn genügt, um festzustellen: Hier bewegt sich was.

Lässt man die 15 Jahre Revue passieren, die seit der Erstauflage dieses Buches vergangen sind, bestätigt sich dieser Eindruck. Die mährische Metropole hat ihrem Image noch eine Spur mehr Farbe, Brillanz und Lebendigkeit hinzugefügt. Hotel-Legenden wie das „Avion“ oder das „Passage“ haben für Gäste wieder ihre Tore geöffnet, Theater sind restauriert, Museen didaktisch auf den neuesten Stand gebracht, neue Festivals konnten sich fix etablieren, eine Gourmet-Szene ist im Begriff zu entstehen, und selbst der Untergrund der Stadt bietet sich in den unterschiedlichsten Formen – vom Atomschutzbunker bis zum unterirdischen Wassertank – zur Erkundung an.

Das Rendezvous mit der „Schönen von nebenan“ weckt Erwartungen. Jedenfalls birgt es weit mehr, als in die 48 Stunden eines Wochenendtrips hineinpasst: Renaissance, Gotik und Barock, anspruchsvolle moderne Architektur, schummrige Bierkeller, schöne Badeanstalten, viele Parks und Grünflächen, Theater, Kinos, Passagen, Bars, Geschäfte, einen Zoo, einen botanischen Garten, einen Flugplatz, eine Motorradrennstrecke und sogar ein Museum für Kultur und Lebensweise der Roma.

Der erste Weg führt den Besucher meist in die Innenstadt. Sie präsentiert sich in Brünn kompakt wie auf dem Handteller. Es ist anheimelnd, die vielen bekannten Namen zu lesen – Kaunitz, Dietrichstein, Meister Pilgrim, Fischer von Erlach ...

Wie in Wien ist der alte Stadtkern von einem breiten, begrünten Band, dem Ring, gesäumt. Die gleichen Architekten, die in der Hauptstadt der österreichisch-ungarischen Monarchie die Oper bauten, lieferten die Pläne für das k. u. k. Staatsgymnasium, zu dessen Schülern der spätere erste Präsident der Tschechoslowakischen Republik, Tomáš Garrigue Masaryk, gehörte. Ludwig Förster war für das Gebäude des deutschen Realgymnasiums, in dem Gregor Mendel erstmals seine Entdeckung der Vererbungsregeln vorstellte, verantwortlich. Hermann Helmer und Ferdinand Fellner entwarfen – wie in einer Vielzahl anderer Städte im alten Österreich auch – das schmucke Theatergebäude, wo der Student Robert Musil von 1897 bis 1900 ein und aus ging.

← Mährens Metropole – eine Stadt mit viel Geschichte

Die Burg – Dominante der Stadt

In seinem „Mann ohne Eigenschaften“ unterzieht er die Stadt mit ihren provinziellen Eigenschaften einer unerbittlichen Analyse. „Kakanien“ nennt er den fantastischen Vielvölkerstaat, der am Ende des Romans in einem Wirbel untergeht und den manche der einheitlich im Stil der Gründerzeit verbauten Straßenzüge Brünns heute noch heraufbeschwören.

Für die aus Wien an die Peripherie des Reiches entsandten Staatsdiener musste Wohnraum geschaffen werden: Die Stadt dehnte sich entlang der vom Zentrum ausgehenden, sternförmig verlaufenden Achsen aus. Auf den nordwestlich gelegenen Hügeln entstand das Cottageviertel, im Nordosten befinden sich die Universitäts- und Verwaltungsbezirke, im Südosten die einstigen Arbeiterquartiere, heute die „Bronx von Brünn“.

Zu einem Brünn-Besuch gehört unbedingt eine Fahrt mit der Straßenbahn. Bei der Durchquerung der Stadt mit einem Durchmesser von zwölf Kilometern kann man sich getrost zurücklehnen. Es geht bergauf und bergab, und die „Schallina“, wie im Brünner Slang die Elektrische genannt wird, legt sich manchmal ganz schön in die Kurve.

Brünn träumte von Wien und wurde immer mehr zum Traum von Wien, was einige der eleganten Geschäftsportale in der Innenstadt belegen.

Lange Zeit führte die Stadt ein Dasein als deutsche Sprachinsel inmitten des mährischen Umlandes. Fast sechzig Prozent der

Bevölkerung sprachen Deutsch. Tschechen und Deutsche lebten in Parallelwelten. Für jede Sprachgruppe gab es eigene Institutionen. Erst mit dem zunehmenden Nationalismus vor dem Zweiten Weltkrieg kam es zu Spannungen, und das altbewährte System brach zusammen.

Im Laufe seiner Geschichte gelang es Brünn immer wieder, mit zivilen, friedvollen Nachrichten Schlagzeilen zu machen. Die erste Dampflok der Monarchie fuhr 1839 in den Brünner Bahnhof ein, die erste Telefonverbindung Österreichs knüpfte ab 1885 zwischen Wien und Brünn zarte Bande, der erste von Glühbirnen beleuchtete Theatersaal befindet sich in Brünn.

Auch wenn die Bühne des Welttheaters anderswo stand, gab es genug brillante Köpfe, berühmte Persönlichkeiten, die den Namen der Stadt über ihre Grenzen hinaus bekanntmachten. Künstler, Gelehrte und vor allem Forscher.

Für Adolf Loos und Milan Kundera war die Stadt der Ort ihrer Kindheit oder Jugend, in der sie ihre *éducation sentimentale* erhielten. Später gingen sie dann nach Prag, Wien oder Paris.

Dynamische Studentenstadt

In Brünn studieren, in Prag arbeiten: dieser Karriereplan gilt bis heute als ideal. Mit sechs Hochschulen ist die zweitgrößte Stadt Tschechiens zugleich auch das zweitgrößte Ausbildungszentrum des Landes und gehört zu den Regionen mit dem höchsten Bruttoinlandsprodukt. Unter den rund 380.000 Einwohnern der Stadt befinden sich rund 65.000 Studentinnen und Studenten.

Forschung und Entwicklung Seite an Seite mit ungewöhnlichen Experimenten, die Verbindung von Theorie und Praxis – das scheint in Brünn seit jeher gut funktioniert zu haben.

Robert Musils Vater lehrte an der Technischen Hochschule, Kurt Gödels Vater leitete als Direktor eine Textilfabrik. Viktor Kaplans Versuche wurden vom Inhaber eines Brünner Maschinenbauwerkes und nicht vom Ministerium in Wien unterstützt. Die Familie Löw-Beer hatte hier in drei Generationen mit Textil-, Zucker- und Zementproduktion ein Imperium errichtet – was Tochter Grete und ihren Mann Fritz Tugendhat in die Lage versetzte, für den Bau ihrer Villa mit Mies van der Rohe eine Berühmtheit zu beauftragen.

Warum eines der bedeutendsten Wohnhäuser der Welt – heute Unesco-Weltkulturerbe – ausgerechnet im mährischen Brünn gebaut wurde, erklärt der Architekturkritiker Vladimir Šlapeta damit, dass hier in den 1920er-Jahren eine geistige Aufbruchsstimmung geherrscht habe, die die besten Kräfte der Zeit anzog und zu inspirieren verstand.

Anders als in Prag musste in Brünn kaum auf alte Bausubstanz Rücksicht genommen werden, was sich günstig auf das Schaffen

Der Palast für Handel und Industrie aus den 1920er-Jahren

der Stadtplaner und Architekten auswirkte. Eine solche Dichte an funktionalistischen Bauten gab und gibt es kaum sonst wo in Europa, man findet sie höchstens vielleicht noch in Tel Aviv oder Miami. Brünn wird also zu Recht als „Hauptstadt der Weißen Moderne" bezeichnet.

Im Unterschied zu anderen einst hinter dem Eisernen Vorhang verborgenen Städten versprüht Brünn kulturelle Energie, Authentizität und Optimismus. Vom sogenannten realen Sozialismus finden sich nur mehr Rudimente, Franz Joseph und Sissi bringen das Kunststück zuwege, hier so gut wie gar nicht vertreten zu sein, und wenn ja, dann höchstens mit einem Schuss schrägen Humors. Die auf die Monarchie zurückweisende Klischeevorstellung von Brünn als „Vorort von Wien" ist überholt und buchstäblich ins Museum verbannt, nämlich in die Mährische Galerie, wo unter eben diesem Titel eine Dauerausstellung gezeigt wird.

Vielseitige Entdeckungen

Es gibt kein Gedicht, keine offizielle Hymne auf Brünn, und auch kein Lied. Aber der Komponist Leoš Janáček hat sich vom Singsang der Stimmen der Händlerinnen am Krautmarkt inspirieren lassen, ihren Klang in Noten festgehalten. Seine „Sinfonietta" gibt den idealen Soundtrack ab für einen ersten Brünn-Besuch.

Dass kaum noch jemand Deutsch spricht, darf man den Brünnern nicht übelnehmen. Mit der Jugend unterhält man sich ohnehin – EU-konform – auf Englisch.

Brünn habe alle Nachteile einer Großstadt und alle Nachteile einer Kleinstadt, wird man dann vielleicht hören. In der Übersetzung verliert die Pointe etwas von ihrem schwarzen Humor, aber den zu ergründen gelingt beim ersten Besuch bzw. Bier ohnehin nicht, dazu muss man wiederkommen.

Zeittafel

Um 870
Teilgebiete der heutigen Slowakei, Mährens, Niederösterreichs und Ungarns bilden das Großmährische Reich.

11. Jh. An einer Furt über den Fluss Svratka entsteht eine Siedlung, deren Name von „brn“, dem altslawischen Wort für „Sumpf“, abgeleitet ist.

1091 Erste schriftliche Erwähnung Brünns.

1243 Böhmen und Mähren werden von dem Adelsgeschlecht der Přzemysliden regiert. König Wenzel I. erteilt Brünn das Stadtrecht.

13. Jh. In ganz Europa wird, von West nach Ost fortschreitend, Land urbar gemacht. In Brünn siedeln sich Slawen, Juden, Deutsche, Flamen und Wallonen aus den Niederlanden an. Unter dem ehrgeizigen Ottokar II. gewinnen in Brünn die deutschen Siedler die Oberhand.

1349 Die mährischen Markgrafen erwählen Brünn zu ihrem Sitz.

1419 Prager Fenstersturz: Aufgebrachte Hussiten stürzen Prager Ratsherren aus den Fenstern des Rathauses. Diese Tat markiert den Beginn der Hussitenkriege.

1428, 1430
Die Hussiten versuchen erfolglos, Brünn einzunehmen.

1526 Beginn der Habsburgerherrschaft über Böhmen. Die Gegenreformation setzt ein.

1641 Brünn wird zur offiziellen Hauptstadt Mährens, der Spielberg wird zur barocken Festung ausgebaut.

1645 Im Dreißigjährigen Krieg wehrt die Stadt die Belagerung durch schwedische Truppen ab.

1763 Errichtung der ersten Textilmanufaktur. In den Jahren darauf entstehen zwanzig weitere Betriebe.

1777 Die Stadt wird Bischofssitz.

1782 Brünn darf sich Hauptstadt der Markgrafschaft Mähren nennen.

1805 Vor der Schlacht bei Austerlitz nächtigt Napoleon mit seiner Armee in Brünn.

1839 Aus Wien kommend, fährt der erste Zug der K.-u.-k.-Monarchie in die Stadt ein.

1850–1852
Die Basteien fallen, der Bau einer Ringstraße beginnt.

1865 Gregor Mendel hält seinen Vortrag über die Erblehre am deutschen Realgymnasium in Brünn.

1869 Gründung der Technischen Hochschule Brünn.

1914 Viktor Kaplan fertigt in Brünn die erste Turbine an.

1918 In Prag wird die unabhängige Republik Tschechoslowakei ausgerufen; ihr erster Staatspräsident war bis 1935 Tomáš Garrigue Masaryk.

1928 Eröffnung des Messegeländes mit der „Ausstellung zeitgenössischer Kultur in der Tschechoslowakei".

1925–1930
Brünn entwickelt sich zu einem bedeutenden Zentrum des modernen Bauens.

1930 Fertigstellung der Villa Tugendhat.

1939 Die Nationalsozialisten errichten das „Reichsprotektorat Böhmen und Mähren". Juden und Regimegegner werden deportiert.

1945 Befreiung Brünns durch die Sowjetarmee und die Alliierten. Eine große Anzahl von Deutschen wird zur Flucht gezwungen. Tausend Menschen kommen dabei ums Leben.

1948 Die kommunistische Partei ergreift die Macht, die Tschechoslowakei wird zum Satellitenstaat der UdSSR.

1958 Der Flughafen Brno-Tuřany geht in Betrieb.

1987 Eröffnung der Masaryk-Auto- und -Motorradrennstrecke.

1989 Die „Samtene Revolution" führt zum Zusammenbruch des totalitären Regimes.

1992 Brünn wird Sitz des Verfassungsgerichtshofes und des Obersten Gerichtshofes des Landes.

1993 Die Tschechoslowakei wird in zwei Staaten geteilt: die Slowakei und die Tschechische Republik. Die Unterzeichnung des Vertrages findet in der Villa Tugendhat statt.

2001 Die Villa Tugendhat wird in die Liste des Unesco-Weltkulturerbes aufgenommen.

2004 Seit 1. Mai 2004 ist die Tschechische Republik Mitglied der Europäischen Union.

2012 Wiedereröffnung der Villa Tugendhat nach umfassender Sanierung und Restaurierung.

2017 Brünn wird Mitglied des renommierten internationalen Netzwerks der UNESCO Creative Cities.

2020 Fertigstellung der römisch-katholischen Kirche im Stadtteil Lesná. Sie wurde der Nonne und Krankenschwester Maria Restituta geweiht, die in Wien lebte und 1943 von den Nazis hingerichtet wurde. Der Architekt Marek Jan Štěpán erhielt für sein herausragendes Werk den „Grand Prix of Architecture" in der Kategorie „Neubau".

2022 Brünn feiert den 200. Geburtstag von Gregor Mendel, der den Grundstein zur modernen Vererbungslehre legte.

← Dom St. Peter und Paul

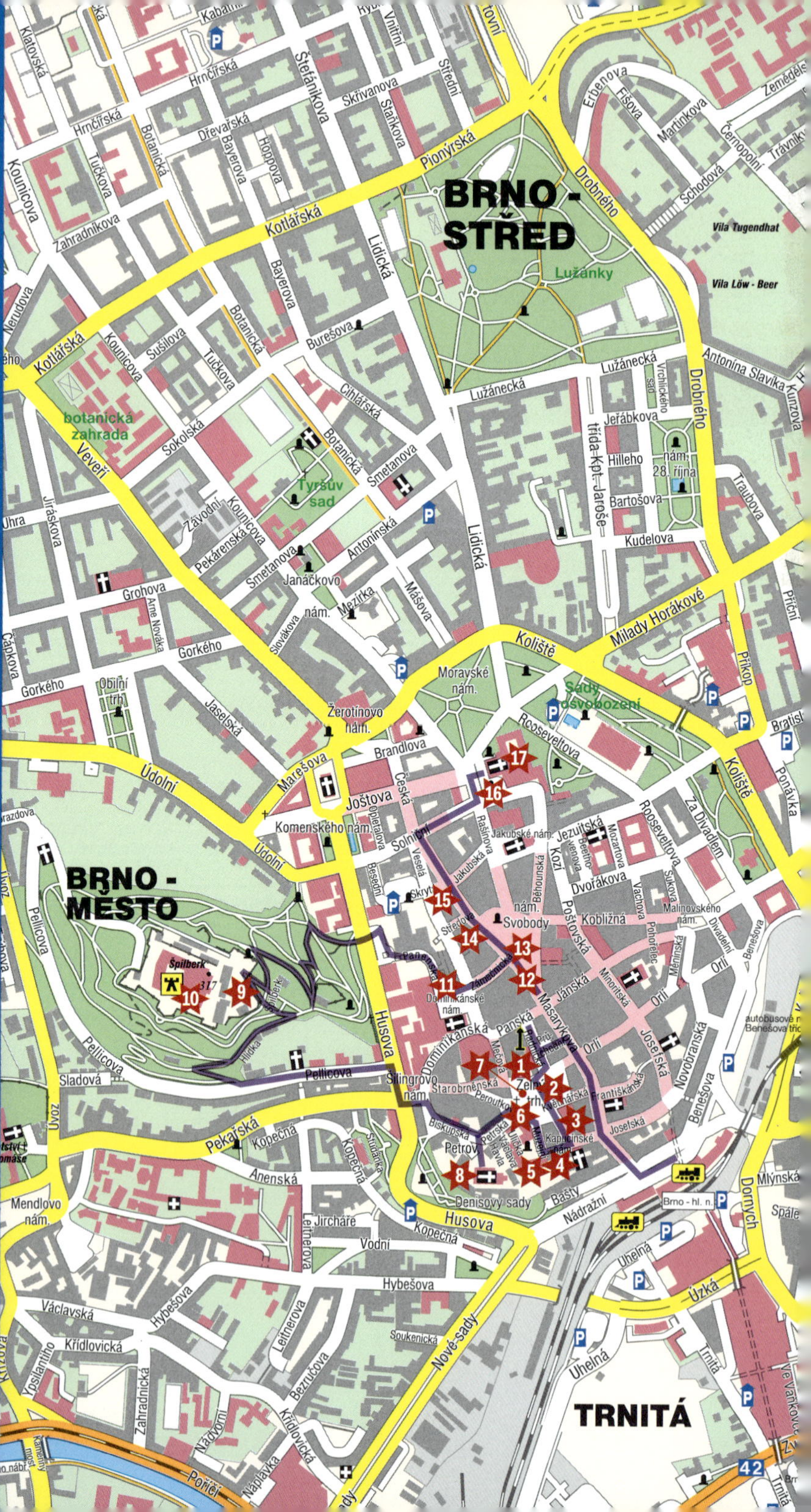
BRNO - STŘED
BRNO - MĚSTO
TRNITÁ
Lužánky
botanická zahrada
Tyršův sad
Sady osvobození
Vila Tugendhat
Vila Löw - Beer
Špilberk
317
Kotlářská
Pionýrská
Drobného
Veveří
Kounicova
Údolní
Pellicova
Husova
Lidická
Koliště
Milady Horákové
Moravské nám.
Žerotínovo nám.
Komenského nám.
Janáčkovo nám.
nám. Svobody
Jakubské nám.
Dominikánské nám.
Zelný trh
Šilingrovo nám.
Mendlovo nám.
Petrov
Denisovy sady
Nádražní
Brno - hl. n.
Masarykova
Joštova
Česká
Kobližná
Poštovská
Orlí
Josefská
Novobranská
Benešova
Pekařská
Anenská
Kopečná
Hybešova
Václavská
Křídlovická
Nové sady
Uhelná
Úzká
Dornych
Trnitá
Poříčí
Nerudova
Úvoz
Sladová
Gorkého
Jaselská
Lužánecká
třída Kpt. Jaroše
nám. 28. října
Kudelova
Příkop
Roosveltova
Rooseveltova
Za Divadlem
Dvořákova
Jezuitská
Solniční
Rašínova
Zámečnická
Panenská
Starobrněnská
Peroutka
Kapucínské
Bašty
Františkánská
Minoritská
Jánská
Panská
Dominikánská
Biskupská
Petrská
Údolní
Obilní trh
Smetanova
Antonínská
Mášova
Mezírka
Slovákova
Grohova
Arne Nováka
Čápkova
Jiráskova
Uhra
Sokolská
Závodní
Pekárenská
Botanická
Tučkova
Sušilova
Zahradníkova
Hrnčířská
Bayerova
Hoppova
Dřevařská
Štefánikova
Skřivanova
Staňkova
Střední
Klatovská
Kabátníkova
Erbenova
Fišova
Martinkova
Černopolní
Schodova
Antonína Slavíka
Kunzova
Traubova
Jeřábkova
Hilleho
Bartošova
Vrchlického sad
Cihlářská
Burešova
Brandlova
Marešova
Opletalova
Veselá
Besední
Skrytá
Jakubská
Běhounská
Kozí
Mozartova
Sukova
Vachova
Pohořelec
Měnínská
Malinovského nám.
Divadelní
Ponávka
Bratislavská
Hlinky
Mečová
Radnická
Kvetinářská
Josefská
Vodní
Jircháře
Leitnerova
Studánka
Soukenická
Bezručova
Nádvorní
Zahradnická
Ypsilantiho
Kamenný most
Nápravka
Mlýnská
Spálená
autobusové nádraží Benešova tř.
42

Der Krautmarkt, lebendiges Zentrum der Innenstadt

1 Stadtbummel klassisch

AUSGANGSPUNKT Nádražní

ENDPUNKT Moravské náměstí

DIE ROUTE Etappe 1: Nádražní – Masarykova – Pruchodní – Radnická (1 Altes Rathaus). Etappe 2: Zelný trh (2 Parnas-Brunnen, 3 Reduta) – Kapucínské náměstí (4 Kapuzinerkloster). Etappe 3: Vom Bischofshof zum Restaurant Špalíček: Muzejní (5 Bischofshof) – Zelný trh (6 Palais Dietrichstein, 7 Palais Hausperský von Fanal). Abstecher: Durch Innenhöfe in die Dominikánská: Starobrněnská – Dominikánská – Zelný trh. Etappe 4: Petrská – Denisovy sady – Petrov (8 Dom St. Peter und Paul) – Denisovy sady – Biskupská – Šilingrovo náměstí – Husova – Pellicova – Spielberg (9 Kasematten, 10 Burg) – Husova – Panenská. Etappe 5: Dominikánské náměstí (11 Neues Rathaus) – Zámečnická – náměstí Svobody (12 Palast Klein, 13 Haus der Herren von Lipa, 14 Mährische Bank). Etappe 6: Česká (15 Hotel Avion) – Veselá – Solniční – Moravské náměstí (16 Reiterstandbild, 17 St.-Thomas-Kirche)

Die Tour beginnt am imaginären Tor zur Stadt, dem Bahnhof, und lässt 700 Jahre Geschichte Revue passieren – von der hoch über den Dächern thronenden Burg bis zu den kühnen Bauten des Funktionalismus.

★ UNBEDINGT HINGEHEN

Altes Rathaus → Seite 15
Krautmarkt → Seite 16
Krypta des Kapuzinerklosters → Seite 18

Anno 1839 keuchte die erste Dampflock der K.-u.-k.-Monarchie von Wien nach Brünn, und ein paar Jahre später war der repräsentative Bahnhof fertiggestellt. Das geflügelte Rad am Dach des Gebaudes versinnbildlicht das Tempo der neuen Zeit. Das Kommen und Gehen der vielen Menschen und das Klingeln der Straßenbahnen, die in die Station einfahren, weisen bis heute dem Platz seine Rolle zu: Er steht für Dynamik, ist Präambel zur Stadt, Ausgangs- und Endpunkt zugleich.

Die Brünner hatten Geld und schielten immer nach dem, was die Wiener so machten. Vieles davon ahmten sie dann auch tatsächlich nach, wie die Ringstraße, die auch in Brünn den historischen inneren Kern umschließt.

Das tatsächliche Stadttor, zunächst „jüdisches Tor", später dann „Ferdinandstor" genannt, fiel 1835, als die Befestigungsmauern geschleift wurden, den Spitzhacken zum Opfer. Fragmente davon, mit kunstvollen Steinmetzarbeiten von Meister Pilgram, sind heute im Museum der Stadt Brünn am Spielberg ausgestellt (→ Seite 29). Am Eckhaus Masarykstraße 39, wohin

Brünner Barock und im Hintergrund die Burg Spielberg

nun unser Spaziergang führt, ist das Tor als Relief abgebildet.

Etappe 1: Von der Masarykova zum Krautmarkt

Dass die Masarykova, die Champs-Élysées von Brünn, noch Anfang der 1980er-Jahre „Třída vítězství", „Straße des Sieges", hieß, davor „Hermann-Göring-Straße" und im alten Österreich „Ferdinandstraße", vermittelt Geschichte im Zeitraffer. Heute trägt die Straße den Namen des ersten Präsidenten der Tschechischen Republik, Tomáš Garrigue Masaryk (→ Seite 38), dessen Werdegang mit der Stadt eng verknüpft ist.

Mehrere Gässchen zweigen links zum Krautmarkt (Zelný trh), der nächsten Etappe der Tour, ab, doch schöner ist es, noch ein Stück vorzugehen und die vierte Gasse links zu nehmen. Sie nennt sich Pruchodní, zu Deutsch „Durchgang" – und tatsächlich: die kleine Gasse beginnt zwischen zwei durch einen Bogen miteinander verbundenen Gebäuden und verläuft, leicht ansteigend, bis zum 1 **Alten Rathaus** (das heute für Kulturveranstaltungen genutzt wird). Das eigenwillige spätgotische Portal aus 1511 stammt von Meister Anton Pilgram, der sich im Wiener Stephansdom unter der Kanzel mit einer Kappe auf dem Kopf aus dem Fenster spähend selbst dargestellt hat. Auch in seiner Heimatstadt Brünn treibt er so seine Späße mit den Betrachtern: Von den fünf schlanken Türmen, die das Eingangstor schmücken,

Renaissance-Loggia im Hof des Alten Rathauses

ist der mittlere schief wie ein geknickter Grashalm. Natürlich kursiert dazu eine entsprechende Geschichte: Es heißt, die Stadtväter hätten sich geweigert, dem Meister die von ihm geforderte Summe auszubezahlen, als Rache habe er die Turmspitze direkt über der Allegorie der Gerechtigkeit schief gemacht. Man hat sich jahrhundertelang gehütet, diesen scheinbaren Schönheitsfehler zu beheben, und wird es wohl auch in Zukunft nicht tun.

Der von weithin sichtbare, hohe Turm des Alten Rathauses weist es als wichtigstes weltliches Bauwerk der Stadt aus. Bei einer Restaurierung 1905 hat man den

Turm sogar um fünf Meter angehoben, damit er neben den vielen Neubauten weiterhin gut zu erkennen ist.

Das Gebäude diente fast sechs Jahrhunderte lang (von 1341 bis 1935) als Rathaus. Hier tagte das Gericht, hier trat der Stadtrat zusammen, hier wurden wichtige Schriftstücke aufbewahrt und honorige Personen empfangen. In der zweiten Hälfte des 16. Jahrhunderts wurde es im Stil der Renaissance umgebaut und etwa hundert Jahre später, nach der schwedischen Belagerung, noch einmal erneuert. 1935 schließlich übersiedelte die Stadtverwaltung auf den Dominikanerplatz in das Neue Rathaus (→ Seite 30).

Auf den ersten Blick könnte die Toreinfahrt mit dem Eingang eines naturhistorischen Museums verwechselt werden. Vom gotischen Deckengewölbe herunter grüßt ein ausgestopftes Krokodil mit aufgesperrtem Rachen. Um diese auch als Brünner Drachen (Brněnský drak) bekannte mythische Figur ranken sich mehrere Legenden. Eine besagt, das präparierte Tier sei ein Präsent eines türkischen Gesandten gewesen, das dieser zu Beginn des 17. Jahrhunderts der Stadt Brünn gemacht habe. Einer anderen Version zufolge war das Krokodil fahrenden Komödianten entlaufen und hatte, Furcht und Schrecken verbreitend, lange am Ufer der Schwarza (Svratka) gehaust.

Hübsch wirkt der Innenhof mit seinem Laubengang und der wappengeschmückten Renaissance-Loggia. Ein unbedingtes Muss ist die Besichtigung des Turms (die Öffnungszeiten variieren je nach Jahreszeit. Von Juni bis Sept. gilt: tägl. 10–22 Uhr, www.ticbrno.cz). Für die Mühe, die 173 Stufen überwunden zu haben, entschädigt ein 360-Grad-Brünn-Panorama!

Im Alten Rathaus befindet sich auch eines der touristischen **Informationszentren der Stadt Brünn** (TIC Brno, Radnická 8, Tel. +420 542 427 150, www.ticbrno.cz, www.gotobrno.c, Mo–Fr 9–18 Uhr). Es wurde 2022 neu designt und bietet sämtliche relevanten Dienstleistungen von Gratis-W-Lan über Ticketservice bis hin zu Info-Material in mehreren Sprachen und zu den unterschiedlichsten Themen.

Etappe 2: Vom Krautmarkt zum Kapuzinerkloster

Geht man vom Alten Rathaus kommend die Radnická vor, gelangt man auf den **Krautmarkt** (Zelný trh, Mo–Fr 6–18, Sa 6–14 Uhr). Kaum vorstellbar, dass sich seit dem 13. Jahrhundert hier Tag für Tag die gleichen Szenen abspielen. Bäuerinnen aus dem Umland bieten Früchte, Gemüse und Blumen an, daher auch der Name Krautmarkt. Heute sind es wohl eher professionelle Verkäufer, die unter den bunten Schirmen stehen, doch ihre Waren sind begehrt wie eh und je. Das angrenzende Shoppingcenter Velký Špalíček stellt da nicht wirklich eine Konkurrenz dar.

Die auffälligste Erscheinung inmitten des quadratischen Ensembles ist sicherlich der 1690 bis 1695 entstandene **2 Parnas-Brunnen** von Johann Bernhard Fischer von Erlach (1656–1723), jenem Mann, der in Wien unter anderem die Karlskirche schuf. In fünf Jahren Bauzeit ließ er gewaltige Natursteine aufeinanderschichten, so entstand eine Art Höhle, eine Grotte, an deren höchstem Punkt sich die Gestalt der Europa zum Himmel streckt. Das Wasser für den Brunnen wurde durch die älteste Brünner Wasserleitung aus dem Fluss Svratka heraufgeleitet.

Spannende Einblicke in das unterirdische Brünn ermöglicht das seit 2011 erschlossene **Labyrinth unter dem Krautmarkt** (Labyrint pod Zelným trhem, Zelný trh 21, Tel. +420 542 212 892, www.gotobrno.cz, Di–So 9–18 Uhr, Führungen alle vollen Stunden, Juni bis Sept. am Wochenende alle 30 Minuten; die erste um 9.30, die letzte um 17.30 Uhr, Dauer 50 Minuten). Der 500 Meter lange Parcours durchquert in acht Metern Tiefe den Krautmarkt und vermittelt interessante Details über das Alltagsleben im Mittelalter. Zurück in der Jetztzeit, lassen wir nochmals den Blick über den malerischen Platz schweifen.

Das strenge, monumentale Gebäude, das die ganze Schmalseite einnimmt, war einmal eine Bank, die ehemalige Kyrill-Method-Sparkasse, erbaut 1913 bis 1916 nach den Plänen von Vladimír Fischer (1870–1947), von dem u. a. die streng funktionalistische Kirche am náměstí Míru (Friedensplatz) stammt (→ Seite 99).

Parnas-Brunnen, zentraler Blickfang am schönsten Platz der Stadt

Mittlerweile hat hier das Fünf-Sterne-Hotel **Grandezza** (Zelný trh 2–3, Tel. +420 542 106 010, www.grandezzahotel.cz) Einzug gehalten. Lobby und Restaurant wurden in einem pompösen historisierenden Stil renoviert. Hinter den ehemaligen Tresortüren der Bank verbirgt sich der Fitnessbereich.

Das schmucke, sorgfältig restaurierte Eckgebäude, das, im Uhrzeigersinn betrachtet, nun folgt, ist ein berühmtes Theater. Die **3 Reduta** (Zelný trh 4, Tel. +420 542 158 120, www.ndbrno.cz) gehört zu den ältesten Bühnen in

Hotel Grandezza im ehemaligen Bankgebäude

Mitteleuropa – wie man stolz betont. Als Nebenprodukt barocker Gastlichkeit war das Schauspiel einst in den Hinterzimmern der Tavernen zuhause. Um 1600 gab es hier ein Wirtshaus, in dessen Räumen wichtige Gäste der Stadt bewirtet und unterhalten wurden – auf weniger offizielle, dafür aber ausgelassenere Art als im Rathaus. Auf der Bühne der Reduta traten vorwiegend italienische und deutsche Theatergruppen auf, von der zweiten Hälfte des 18. Jahrhunderts an spielte man auch auf Tschechisch. Zu Weihnachten 1767 gab hier der damals elfjährige W. A. Mozart ein Konzert. Heute wird das Gebäude vom Národní divadlo (Nationaltheater Brünn) als Spielstätte genutzt.

Die nächste Station der Tour führt durch ein namenloses Gässchen neben der Reduta zum angrenzenden Kapuzinerplatz (Kapucínské náměstí). Die barocke Krypta des 4 **Kapuzinerklosters** (Klášter kapucínů, Kapucínské náměstí 5, Tel. +420 542 213 232, www.hrobka.kapucini.cz, April bis Okt.: Mo–Sa 9–12 und 13–18, So 11–17 Uhr; Nov. bis März: Mo–Sa 10–16, So 11–16.30 Uhr, Zugang links von der Kirche) gehört zu den bemerkenswertesten Attraktionen von Brünn. Ein geheimnisvoller, beklemmender Ort. Die Körper adeliger Fräulein, verdienter Bürger der Stadt und verschiedener Förderer des Kapuzinerordens liegen hier, runzelig und dunkel verfärbt, seit ihrem Ableben – also seit mehr als 300 Jahren – auf dem nackten Fußboden: Durch das Zirkulieren der Luft in den Kirchenpfeilern und die spezielle Beschaffenheit des Bodens konnten die Leichen auf natürliche Art mumifiziert werden. Der prominenteste unter ihnen ist wohl Freiherr von Trenck, der wegen der Ausschreitungen seiner unzähmbaren, wilden Krieger von 1746 bis 1749 auf der Burg Spielberg im Gefängnis saß und für eine Verfilmung mit Hans Albers die historische Vorlage abgab („Trenck, der Pandur").

Die Sackgasse, die vom Kapuzinerplatz hangaufwärts führt, scheint wie geschaffen für die Schanigärten, die Cafés und Bars, die sich hier ausbreiten. Warum nicht eine kleine Pause einlegen?

Das **Café Pilát** (Kapucínské náměstí 5, Tel. +420 603 974 496, tägl. 8–22 Uhr) hat einen hübschen Papagei als Emblem und verströmt eine sehr entspannte Atmosphäre. Zwischen elf und 14 Uhr gilt „All you can eat“ zu einem fairen Fixpreis. Zur Auswahl stehen mediterrane und orientalische Gerichte vom Buffet.

Das **Café Tungsram** (Kapucínské náměstí 7, Tel. +420 603 444 754, Mo–Fr 8–22 Uhr, So 10–22 Uhr) gleich vis-à-vis punktet mit einem nicht minder originellen Interieur – u. a. einer Jukebox aus den Sixties, die allerdings nur mehr der Besitzer in Gang zu setzen vermag.

Etappe 3: Vom Bischofshof zum Restaurant Špalíček

Über ein paar Steinstufen geht es nun weiter zum Muzejní, einem Platz, der vom 5 **Bischofshof** (Biskupský dvůr) dominiert wird. Den Kern dieses stimmungsvollen Ensembles bildet die mittelalterliche Propstei des hl. Peter, die in der Renaissancezeit umgebaut wurde. Hier hat seit 1817 das **Mährische Landesmuseum** (Moravské zemské muzeum, Muzejní 1, Tel. +420 533 435 282, www.mzm.cz, Di 9–15, Mi–Fr 9–17, Sa, So 13–18 Uhr) seine Dependance. Zu sehen sind neben einem Süßwasseraquarium Dauerausstellungen zur Geschichte des Geldes und zur Fauna Mährens.

Anlässlich des 150-jährigen Jubiläums von Gregor Mendels Publikation zur Erblehre eröffnete 2015 hier das **Mendelianum** (Muzejní 1, Tel. +420 515 910 411, www.mendelianum.cz, Mi–Sa 9–17, So 13–17 Uhr) – und zwar in genau jenen Räumlichkeiten, in denen sich einst Mendels wissenschaftliche Gesellschaft befand. Die interaktive Ausstellung stellt die Persönlichkeit und Arbeit des Forschers in den Mittelpunkt (→ auch Seite 111), will aber auch ganz allgemein Interesse an Genetik und Molekularbiologie wecken.

Café Pilat, junge Szene in altem Gemäuer

Der Bischofshof und der Dom St. Peter und Paul

Der Ticketschalter befindet sich im Haupthaus des Mährischen Landesmuseums, dem 6 **Palais Dietrichstein** (Dietrichsteinský palác, Zelný trh 8, Tel. +420 515 910 443, www.mzm.cz, Mi–Fr 9–17, Sa 10–17, So 13–17 Uhr) auf dem Krautplatz, wohin uns jetzt auch die nächste Etappe unserer Tour führt.

Der zwischen 1618 für den Bischof von Olmütz, Kardinal Franz von Dietrichstein, erbaute Palast beherbergt umfangreiche naturwissenschaftliche und archäologische Sammlungen; das interessanteste Exponat ist eine opulente Frauenfigur, die Venus von Westonitz, die bei Grabungen an den Palover Hügeln gefunden wurde. Unter dem Dach eines Naturkundemuseums hätte man so etwas wie das **Air Cafe** (Zelný trh 8, Tel. +420 773 610 319, aircafe-brno.com, Mo–Do u. Sa 14–23, Fr 14–24, Sa 10–23) nicht erwartet. Es ist als Hommage an die tschechischen Piloten gedacht, die bei der Royal Air Force Dienst getan haben. Seit mehr als 25 Jahren bildet es mit seinem breiten Angebot an Rum, den englischen Ledersofas und dem originellen Fliegerdekor einen originellen Ort jenseits des Mainstreams.

Das nächste markante Gebäude am oberen Teil des Platzes ist das zweistöckige 7 **Palais Hausperský von Fanal** (Palác Hausperských z Fanálu) an der Ecke zur ulice Petrská: Es wurde 1708 für die Familie Hauspersky von Fanal errichtet. Hinter der spätbarocken Fassade verbirgt sich ein Theater. Benannt nach einer Posse von Jiří Mahen (→ Seite 78), heißt es **Gans am Schnürchen** (Divadlo Husa na provázku, Zelný trh 9, Tel. +420 542 123 425, www.provazek.cz), es zeigt vor allem experimentelle Stücke und inszeniert zeitgenössische Themen auf schonungslos-provokante Weise (→ Seite 119).

Das grün gestrichene Malý Špalíček („kleines Stöckl") stammt ebenfalls aus dieser Zeit und bietet im Erdgeschoß dem **Restaurant Špalíček** (Zelný trh 12, Tel. +420 542 211 526, http://restaurace-spalicek.cz, geöffnet tägl. 11–23 Uhr) Platz. Man sitzt unter gewölbten Decken, an der Wand hängen nostalgische Stadtansichten und auch die Gerichte widersetzen sich hartnäckig den gängigen Moden.

Was das Mittagessen betrifft, so herrschen in Brünn übrigens ganz eigene Sitten. Und das hat einen guten Grund: Im Dreißigjährigen Krieg lagerten die Schweden 1645 vor Brünn. Die Bewohner der Stadt wehrten sich wie die Löwen und allmählich verlor der Feind den Kampfgeist. Da rief der schwedische Kommandant seine Leute in einem Wirtshaus zusammen und sagte: „Morgen werden wir zum letzten Mal gegen die Stadt vorstoßen. Ehe vom Petersdom die Glocken Mittag läuten, muss Brünn uns gehören." Der Wirt begriff, was der Fremde gesagt hatte, gelangte durch einen Geheimgang in die verbarrikadierte Stadt und erstattete dem in Brünn heute noch berühmten kaiserlichen Feldherren und Kommandanten Marschall Jean-Louis Raduit de Souches Bericht. Am frühen Morgen des 15. August begann eine Schlacht auf Leben und Tod. Für Brünn sah es nicht gut aus; da schickte de Souches den alten Glöckner auf den Turm des Petersdoms und ließ ihn schon um elf Uhr Mittag läuten. Die Schweden fielen auf den Trick herein, legten die Waffen nieder und zogen ab. Brünn war gerettet und zelebriert bis heute diesen epochalen Sieg.

Der moralische Kredit, den die Stadt für diese tapfere Verteidigung gewann, bescherte Brünn eine Blütezeit. Es rückte zum Zentrum des wirtschaftlichen, gesellschaftlichen und politischen Lebens in Mähren auf und übertraf Olmütz und Znaim an Bedeutung. Auch dass 1777 ein eigenes Bistum errichtet wurde, unterstreicht die gefestigte Stellung. Ab 1782 durfte Brünn sich Hauptstadt der Markgrafschaft Mähren nennen. Das

★ UNBEDINGT HINGEHEN

Dom St. Peter und Paul → Seite 23
Festung Spielberg → Seite 25

Das Theater „Gans am Schnürchen"

wachsende Prestige wurde durch den Bau der Stadtmauern und der mächtigen barocken Festung auf dem Spielberg deutlich zur Geltung gebracht (→ Seite 28).

Abstecher: Durch Innenhöfe in die Dominikánská

Bevor wir den Marktplatz verlassen, bietet sich ein kurzer Abstecher in die Altbrünner Straße (Starobrněnská) an. Sie beginnt gleich rechts vom Restaurant Špalíček und führt Richtung Westen zum Šilingrovo náměstí.

In einem 1596 erbauten Altstadthaus befindet sich das **Hotel Royal Ricc** (Starobrněnská 10, Tel. +420 542 219 263, www.royalricc.cz/de/). Alte Gewölbe, Butzenscheiben, Madonnen und Heiligenstatuen, Fresken mit dionysischen Szenen spielen auch hier auf die Vergangenheit an.

Etwas weiter stadtauswärts fällt auf Starobrněnská 14 ein schmiedeisernes Tor auf, das tagsüber offen steht. Es führt zu einer Reihe alter, gotischer bzw. Renaissancehäuser, die miteinander verbunden sind und einen Durchgang bis zur Dominikánská-Straße bilden. In einem der Innenhöfe kann man der **Galerie G99** (Dominikánská 9, Tel. +420 545 123 883, www.dumumeni.cz, Di–So 10–18 Uhr) einen Besuch abstatten. Sie etablierte sich als unabhängiger Teil des Kunsthauses (→ Seite 78) im Haus der Herren von Kunštat (Dům pánů z Kunštátu), wie die früheren Besitzer hießen. Die Galerie fokussiert die kulturellen Interessen der jüngeren Generation und zeigt tschechische Gegenwartskunst genauso wie Arbeiten ausländischer Künstler.

Die **Kavárna Trojka** (Dominikánská 9, Tel. +420 603 916 644, Mo–Do 10–1, Fr 10–2, Sa 14-1, So 14-0 Uhr) links neben dem Ausgangstor pflegt sehr überzeugend ihr Image als Art-Café. Hier kann man bei einer heißen Milch mit Sliwowitz den Laptop aufklappen, ein Buch lesen oder bei einer Karaoke-Party mitmachen.

Nach diesem Abstecher begeben wir uns zurück zum Krautplatz, überqueren ihn und biegen in die Petrská ein, jenes kleine Gässchen, das zwischen Dietrichsteinpalais und dem Theater „Gans am Schnurchen“ verlauft und sich zum Domviertel hinaufwindet.

Etappe 4: Vom Dom zur Burg

Am Weg dorthin kommen wir an einem offen stehenden Tor vorbei, das den Eingang zu den **Denis-Gärten** (Denisovy sady) markiert. Benannt nach dem französischen Historiker Ernest Denis, der 1919 zur Entstehung der Tschechoslowakei beitrug, schmiegt sich der 2003 neu gestaltete Park entlang der ehemaligen Basteien an den Petrov-Hügel und bildet mit seinen bunt bepflanzten Beeten, den Rasenflächen, Aussichtspunkten und Bänken eine versteckte Grünoase – ideal zum Luftschnappen!

Unlängst hat hier das **Tak Kafe** (Petrov 1, Tel. +420 733 573

Die Denis-Gärten mit dem Obelisken, Symbol für den Sieg über Napoleon

013, www.takkafe.cz, Mo–Di 9–21, Mi, Do, Fr, Sa 9–21, So 9–18 Uhr) eröffnet. Man sitzt auf kuscheligen Lammfellen das ganze Jahr über unter freiem Himmel und kann bei Kaffee oder Prosecco und ein paar belegten Broten die Abgeschiedenheit und den Blick auf den Dom genießen. Das zu einer kirchlichen Mission gehörende **Restaurant L'Eau vive** (Petrov 2, Tel. +420 543 235 164, Mo–Fr 11.30–22, Sa 12–22 Uhr, www.leauvive.cz) ist ebenfalls hier zu finden und erfreut seine Stammgäste mit günstigen Mittagsmenüs, die im Sommer auch im Garten serviert werden.

Unser nächstes Ziel, der frühgotische 8 **Dom St. Peter und Paul** (Katedrála svatých Petra a Pavla, Petrov 9, www.katedrala-petrov.cz, Mo–Sa 8.15–18.30, So 7–18.30 Uhr) steht heute an der Stelle, wo sich vermutlich die erste Brünner Burg befand. An der Wende vom 13. zum 14. Jahrhundert errichtet, wurde er im Laufe der Jahre umgebaut, vergrößert und erweitert. Während des Dreißigjährigen Krieges beschädigte das Artilleriefeuer der schwedischen Belagerer die alten Gemäuer. Erst 1777, als Brünn in den Rang eines Bistums aufgestiegen war, bekam die Kirche das Aussehen einer Kathedrale. Im 20. Jahrhundert schließlich entstanden die beiden Türme und das ganze Gebäude wurde im neugotischen Stil mit barocker Innengestaltung umgebaut.

Das Spannende an einer Besichtigung ist hier nicht – wie so oft – allein das vordergründig Sichtbare, sondern das, was sich

Gotischer Dom, barocke Innengestaltung

nicht gleich auf den ersten Blick offenbart. In diesem Fall ist es die 1995 restaurierte Krypta, wo alte, zufällig entdeckte Relikte der romanischen Basilika durch Lichtinstallationen sehr effektvoll inszeniert werden. Zu besichtigen: Di–So 11–17 Uhr.

Nach dem Besuch der Kathedrale gehen wir die von Gründerzeithäusern gesäumte Biskupská bergab und kommen zu einem Platz – die Adresse heißt immer noch Biskupská – wo die zartgelbe Fassade eines mehrstöckigen Gebäudes uns zuallererst ins Auge fällt.

In dem 1885 errichteten Městský dvůr (Stadthaus) befand sich einst das Bezirksgericht, 2012 eröffnete hier das erste Fünf-Sterne-Hotel der Stadt – das zu einer spanischen Gruppe gehörende **Barceló Brno Palace** (Šilingrovo náměstí 2, Tel. +420 532 156 777, www.barcelo.com).

Halten wir uns links davon, so erreichen wir jenen Teil der Denis-Gärten, der um 1860 ein beliebtes Ausflugsziel war. Die Kolonnade mit dem Brunnen und der 1818 zum Gedenken an den Sieg über Napoleon errichtete Obelisk (→ Seite 43) zeugen noch davon.

Um die Tour fortzusetzen, begeben wir uns zum Haupteingang des Hotels auf dem Šilingrovo náměstí, den die verkehrsreiche Husova begrenzt. Wir überqueren die Straße bei der Ampel, gehen ein Stück stadteinwärts vor und biegen in die erste Gasse links, die Pellicova, ein. Diese hübsche Straße ist nach Silvio Pellico benannt, einem italienischen Dichter, der für die Einheit Italiens eintrat und wegen seiner politischen Haltung 1824 zum Tode verurteilt, dann aber begnadigt und in der Burg Spielberg eingesperrt wurde.

Der Name dieser Straße kündigt also zugleich auch die nächste Station der Tour an, den Spielberg, heute ein idyllischer Aufenthaltsort schulschwänzender Schüler und junger Mütter mit Kinderwagen. Viele Brünner der älteren Generation haben die Burg allerdings noch immer als berüchtigtes Gefängnis im Gedächtnis.

Auf Nummer 5b taucht plötzlich mitten im Wohnviertel ein

Geschäft auf. Die Auslage ist voll mit hölzernen Modeln, wie Modistinnen sie verwenden, um darauf ihre Hutkreationen zu drapieren. Daneben baumeln auf einer Kleiderstange sehr dezente schwarze Outfits, Kreationen des Designer-Duos **Alešbarý** (Pellicova 5b, Tel. +420 605 145 679, www.alesbary.cz, Mo und Fr nach tel. Vereinbahrung, Di–Do 10–18 Uhr, Mi „Tag mit dem Designer").

Das Kirchlein auf dem Grundstück gegenüber wurde 1894 im Stil der Neorenaissance errichtet und war das erste evangelische Gotteshaus in Brünn, wo ausschließlich auf Tschechisch gepredigt wurde.

Etwas weiter vorn, auf Pellicova 8c, fällt eine über und über mit Glyzinien verwachsene Villa auf, das **ehem. Wohnhaus Kurt Gödels** (1906–1978). Hier verbrachte der Mathematiker seine Kindheit, bevor er 1924 zum Studium nach Wien ging und Mitglied des Wiener Kreises wurde (→ Kasten rechts). Der Vater des „größten Logikers seit Aristoteles" war Angestellter, später Direktor und Teilhaber einer Tuchfabrik in Brünn und hatte an der Erfindung eines Schusszählers für Webmaschinen herumgetüftelt. Kurt Gödel bewahrte die umfangreiche Korrespondenz um das Patentverfahren sein Leben lang auf.

Unmittelbar nach diesem Haus geht es rechts in Serpentinen auf den **Spielberg** (Špilberk), der heute ein von Spazierwegen erschlossenes Parkgelände ist. Der Weg windet sich den mit Föhren bepflanzten Hang hinauf, zwischen alten Gaslaternen erscheint immer wieder aus einer anderen Perspektive die zierliche Silhouette des Doms. Gut zu erkennen ist auch der Bezirk Altbrünn mit der Starobrno-Brauerei (→ Seite 111) und dem Augustinerkloster, wo Gregor Mendel einst gewirkt hat (→ Seite 111).

★ Kurt Gödel (1906–1978)

kam in Brünn als Sohn eines wohlhabenden Textilunternehmers zur Welt. Nach dem Besuch des Gymnasiums verließ er die Stadt Richtung Wien. Als Student trat er dem Wiener Kreis bei, einem akademischen Zirkel, der sich mit den methodischen Grundlagen des Denkens auseinandersetzte.

Im Jahr 1931 formulierte Gödel den Unvollständigkeitssatz, der die Mathematiker schockierte. Er besagt im Kern, dass es keine vollständigen Theorien geben kann. Seine Entdeckung steht auf einer Stufe mit Einsteins Relativitätstheorie. Gödel gilt als Jahrhundertgenie und größter Logiker seit Aristoteles. Er starb in Princeton, New Jersey, wo er eine Professur innehatte und mit Albert Einstein eine enge Freundschaft unterhielt.

Blick über Brünn zum Dom St. Peter und Paul

Das 2016 errichtete Kunstwerk – ein stilisierter, aus zusammengeschweißten Stahlrohren bestehender Kopf – ehrt den Brünner Dichter, Schriftsteller und Übersetzer Jan Skácel (1922-1989). Sein Gesicht ist Altbrünn zugewandt. Wenn man einen ganz bestimmten Blickwinkel einnimmt, kann man durch die Statue hindurchschauen und Altbrünn (→ Seite 25) symbolisch mit den Augen des Dichters sehen.

Wir setzen unseren Spaziergang entlang der Serpentinen fort. Über das Pisárky-Tal hinweg sieht man die Kuppeln der Messehallen glänzen und weiter hinten, eingebettet in üppiges Grün, das Masaryk-Viertel mit den Villen der betuchten Bourgeoisie, einst „Beamtenheim", später scherzhaft „Funktionalistenhügel" genannt.

Wir folgen der Beschilderung und erreichen schließlich den Haupteingang der Burg im Osten. Hier liegt auch der Eingang zu den 9 **Kasematten** (Kasematy, Špilberk 1, Tel. +420 542 123 614, +420 542 123 611, www.spilberk.cz, April bis Sept.: Mo–So 9–17; Okt. bis März: Di–So 9–17 Uhr).

Sie veranschaulichen, was die Burg einmal war: das meistgefürchtete Gefängnis der ganzen österreichisch-ungarischen Monarchie. „Casamatta" leitet sich von den Worten „casa" (Haus) und „matta" (dunkel) ab. Ursprünglich für die Garnison als Schutzraum bei Artillerieangriffen gedacht, dienten sie später als Verlies und wurden 1880 erstmals der Öffentlichkeit zugänglich gemacht.

Die 10 **Burg** (Špilberk 1, www.spilberk.cz) selbst präsentiert sich

Die Festung Spielberg, imposant und einst als Gefängnis gefürchtet

Kleine Rast im Burghof

als sorgfältig restauriertes historisches Ensemble, das man über eine mächtige Zugbrücke betritt.

Im letzten der beiden Innenhöfe zieht ein schöner mittelalterlicher Brunnen die Blicke auf sich. Er ist 112 Meter tief und reicht bis zum Flussbett der Svratka. Seit 1990 ertönt hier auch ein Glockenspiel. Rund 32 Melodien sind gespeichert, u. a. die „Sinfonietta", ein Orchesterwerk, das Leoš Janáček, der große Sohn der Stadt, Brünn gewidmet hat (→ auch Seite 55 und 113).

Seit 1960 ist die Festung Spielberg Sitz des **Museums der Stadt Brünn** (Muzeum města Brna, Špilberk 210/1, Tel. +420 542 123 611, www.spilberk.cz, April bis Sept.: tägl. 9–17; Okt. bis März: Di–So 9–17 Uhr), das mehrere permanente Ausstellungen zu verschiedenen Schwerpunkten zeigt, unter anderem zur Geschichte der Stadt und dem Bau der Festungsanlage.

Für Eilige hier die wichtigsten Fakten: Gegründet vermutlich 1277 unter König Ottokar Přemysl II. (der zugleich Herzog von Österreich war und dem Franz Grillparzer sein Stück „König Ottokars Glück und Ende" widmete), wandelte sich der Spielberg im Laufe der Jahrhunderte vom Sitz der mährischen Markgrafen zur barocken Festung, die nacheinander den Schweden, Preußen und Hussiten standhielt, 1805 den französischen Truppen trotzte und 1809, als Napoleon abermals durchzog, stark beschädigt wurde. In der Folge diente der Spielberg als Kerker: Polnische Hugenotten, italienische Carbonari und ungarische Jakobiner schmachteten hinter den dicken Mauern der berüchtigten Festung. Während der Besatzung durch Nazideutschland waren tschechische und deutsche Regimegegner hier interniert.

Weitere Sammlungen des Museums widmen sich der bildenden Kunst von der Renaissance bis zur Moderne und der Brünner Architektur von 1919 bis 1939. Zu sehen sind hier etwa Pläne und Modelle realisierter und nicht realisierter Objekte des Funktionalismus. Auch die Innenausstattung der Villa Tugendhat wird anhand von Originalfotos hier dokumentiert. Sehenswert!

★ UNBEDINGT HINGEHEN

Hotel Avion → Seite 33
Mährischer Platz mit Reiterstandbild → Seite 35
Café Morgal → Seite 35

Nach dem Museumsbesuch tut es gut, kurz innezuhalten und den Blick über Brünn schweifen zu lassen. Am besten von der Aussichtsplattform im Osten der Anlage aus, gleich neben dem Denkmal von Jean-Louis Raduit de Souches, dem Verteidiger von Brünn (→ Seite 21). Die Stadt, die er den Klauen der Eroberer entriss, liegt ihm sozusagen zu Füßen.

Links ragt die ziegelrote Comeniuskirche auf, dahinter sieht man die Masaryk-Universität (→ Seite 38). Weiter hinten recken sich die schlanke Nadel der Jakobskirche, die grünen Zwiebeltürmchen des Alten Rathauses und das golden schimmernde Kreuz der Kirche zum hl. Josef gen Himmel. Die rußigen Fabrikschlote, die an die Zeit erinnern, als Brünn das „österreichische Manchester" genannt wurde, sind aus dem Bild verschwunden. Am Horizont erblickt man noch die Silhouette der Trabantenstädte, Relikte aus der Zeit des realen Sozialismus.

Nun ist es Zeit, die Tour fortzusetzen. In Serpentinen geht es steil bergab, am Ende der Parkanlage erreichen wir wieder die Husova, die an dieser Stelle eindeutig Reminiszenzen an Wien weckt. Zu den prominenten Bauten entlang dieser Prachtstraße siehe Seite 41.

Entlang der Fahrbahn, die neben dem Hotel International in die Tiefgarage führt, geht es nun weiter in die Panenská.

Im Erdgeschoß des Domini-Parkhauses befindet sich **This is Brno** (Panenská 1, Tel. +420 602 404 246, www.ticbrno.cz, tägl. 9–18 Uhr), ein neues Infocenter, das sich als Servicestelle versteht, mit Ruhezone, Toiletten, Gepäcksaufbewahrung, Aufladestation für Smartphones, Buchladen, Souvenirshop und Ticketverkauf.

Etappe 5: Vom Dominikanerplatz zum Freiheitsplatz

Nach der unscheinbaren Panenská wirkt der Dominikanerplatz mit dem 11 **Neuen Rathaus** (Nová radnice, Dominikánské náměstí 2) fast wie eine italienische Piazza. Der barockisierte

Das Neue Rathaus: Von hier aus wird die Stadt heute regiert

Renaissancebau mit Kreuzgang aus dem Jahre 1500 dient als Sitz des Oberbürgermeisters (Primators) und des Stadtrates. Am Dach weht die rot-weiß-rote Fahne. Erst auf den zweiten Blick erkennt man einen dünnen, weißen Streifen am oberen Rand: Es ist also nicht die österreichische Flagge, sondern das Wappen der Stadt Brünn.

An kalten Tagen kann es gut tun, sich jetzt in der **Čhajovna** (Dominikánské náměstí 7, Tel. +420 732 476 308, www.chajovna.cz, tägl. 14–22 Uhr) kurz aufzuwärmen. Sie ist ein Mekka für Teeliebhaber, die sich hier zu einem Klub zusammengetan haben. Der ganze Stolz der Besitzer ist der japanische Tatami-Raum, in der sogenannten „dýmkárna" werden Wasserpfeifen geraucht.

Wie ein Kulturschock wirkt das im Nachbarhaus gelegene **SKØG** (Dominikánské náměstí 5, Tel. +420 607 098 557, www.skog.cz, Mo–Do 8–1, Fr 8–2, Sa 9–2, So 9–23 Uhr), ein Urban Hub, der tagsüber jungen Professionals als Arbeitsplatz dient und sich abends dann in eine der angesagtesten Bars der Stadt verwandelt.

Hält man sich beim Verlassen des Lokals rechts, so ist die nächste Gasse, die rechts abzweigt, die Zámečnická. Durch sie führt nun der Weg weiter zum náměstí Svobody, dem Freiheitsplatz, wo Straßenmusiker immer für gute Stimmung sorgen. Hier pulsiert das Leben und tatsächlich gleicht die Form des Platzes einem Herzen. Durch seine geschlossene Verbauung gibt er eine eindrucksvolle Kulisse für Teenager-Dates,

Das Haus der Herren von Lipa, von einem Weinhändler aus Retz erbaut

Verschnaufpausen kinderwagenschiebender Eltern, Shoppingberatung unter Freundinnen und Sonnenbäder von Pensionisten ab.

Ins Auge sticht zunächst ein mit vier gigantischen Atlanten geschmückter, prächtiger Jugendstilbau, 1902 an der Adresse náměstí Svobody Nummer 10 errichtet. Er trägt an der Fassade den Namen von Valentin Gerstbauer, einem wohlhabenden Textilhändler, der mit dem Geld seiner Stiftung hier ein Institut für Waisenkinder errichtet hatte.

Sehenswert ist der gegenüber auf Nummer 15 für den Besitzer der Eisenhütte in Sobotin errichtete 12 **Palast Klein** (Kleinův palác, náměstí Svobody 15), 1847 bis 1848 von Theophil Hansen und Ludwig Förster erbaut. Eine absolute Novität waren damals die gusseisernen Elemente an der Fassade und die Toiletten mit Wasserspülung.

Das Renaissancehaus auf Nummer 17, das 13 **Haus der Herren von Lipa** (Dům pánů z Lipé, náměstí Svobody 17), gehörte einst dem böhmischen Adelsgeschlecht, 1587 erwarb es ein wohlhabender Weinhändler aus Retz und ließ an der Stelle des ursprünglichen gotischen Gebäudes den neuen Palast erbauen (die Weinlesereliefs am Erker weisen noch darauf hin). Heute beherbergt es das Obchodní Centrum, eine Art Shopping-Mall.

Danach queren wir den Freiheitsplatz Richtung Norden. Brünn wäre nicht Brünn, gäbe es nicht an so prominenter Stelle, hineingeschmiedet zwischen Renaissance- und Gründerzeitfassaden, ein Statement der Moderne: die 14 **Mährische Bank** (Moravská banka, náměstí Svobody 21), errichtet 1931 von Arnošt Wiesner und Bohuslav Fuchs, zwei der führenden Architekten des Funktionalismus (→ auch Seite 88 und Seite 90). Das Gebäude beherbergt immer noch eine Bank, interessant daran ist die Passage – ein Spezifikum, das aus dem Stadtleben nicht wegzudenken ist. Bei Besorgungen in der Innenstadt lässt sich so die Strecke bequem abkürzen, indem man Durchhäuser oder Passagen benützt. So gewinnt man Zeit, die man dann beim Stöbern in einem Buchladen oder beim Besuch einer Galerie wieder vertrödeln kann.

Etappe 6: Von der Česká zum Mährischen Platz

Der Spaziergang wird nun durch die Česká, die ehemalige Rennerstraße, fortgesetzt. Bis heute hat sie nichts von ihrem Image als elegante Einkaufsstraße eingebüßt, und so manches schöne Geschäftslokal, wie etwa das **Bata Schuh- & Modengeschäft** (Česká 4) von Vladimír Karfík (→ Seite 80), erinnert noch heute an die Roaring Twenties.

Inspirierend ist auch ein Besuch der Buchhandlung **Barvič a Novotný** (Česká 13, Tel. +420 542 215 040, www.barvic-novotny.cz, Mo–Sa 8–19, So 10–19 Uhr). Das Geschäft besteht seit 1883, wurde 2017 einem Relaunch unterzogen und erstrahlt jetzt im neuen Glanz.

Das Gleiche gilt für das denkmalgeschützte 15 **Hotel Avion** (Česká 20, Tel. +420 515 919 701, www.avion-hotel.cz), das nach langem Bangen endlich einen neuen Besitzer gefunden hat und behutsam restauriert wurde.

Es ist ein Werk von Bohuslav Fuchs (→ Seite 32 und 90) und gilt als verstecktes Kleinod funktionalistischer Architektur. Auf einem winzigen Grundstück (8 mal 34 m) hatte der „Kaiser der weißen Moderne" 1926 einen ganzen Kosmos errichtet, mit Café, Restaurant und fünfzig Zimmern.

Sonnenbaden am náměstí Svobody

An der Spitze, wo die beiden Straßen Česká und Veselá zusammenlaufen, steht das 1937 bis 1938 erbaute **Wohn- und Geschäftshaus Convalaria** des Architekten Oskar Poříska, ebenfalls eine Ikone des Funktionalismus, benannt nach einer ehemals berühmten Parfümerie.

Die Route führt nun die Veselá ein Stück zurück und dann rechts weiter durch die Solniční bis zum Mährischen Platz, dem Moravské náměstí. Hier steht seit 2014 ein bronzenes 16 **Reiterstandbild** des Prager Bildhauers Jaroslav Róna. Es ist acht Meter hoch und zeigt Jan Lucemburský (1296–1346), Johann von Luxemburg, den einstigen König von Böhmen und Markgrafen von Mähren. Er galt als berühmter Turnierheld und war die Verkörperung des Ritterideals seiner Zeit.

Das neue Wahrzeichen symbolisiert Mut und Entschlossenheit und hebt sich markant von der barocken Fassade der 17 **St.-Thomas-Kirche** (Kostel svatého Tomáše, Moravské náměstí 1a, www.svtomas.net, Gottesdienste Mo–Fr 7 und 17.30, Sa 8 und 17.30, So 7.45 lateinisch, 9, 11, 19.30 Uhr) ab. Die Pietà, auf die man beim Besuch der Kirche unbedingt einen Blick werfen sollte, stammt aus dem Jahre 1385. Unmittelbar an das Gotteshaus anschließend folgt das fast zierlich wirkende ehemalige Statthalterpalais (Místodržitelský palác). Hier konnte man sich bis zur Wende über die Geschichte der Arbeiterbewegung informieren, heute beherbergt das Gebäude Kunstausstellungen aus den Sammlungen der **Mährischen Galerie** (Moravská galerie, Moravské náměstí 1a, www.moravska-galerie.cz, Mi, Fr–So 10-18, Do 10–19 Uhr). Sehenswert ist die neue, mit „Brünn – Vorort von Wien“ betitelte Dauerausstellung, die zwischen den beiden einander nahestehenden Städten den Bogen spannt und vor allem das 19. Jahrhundert beleuchtet, u. a. auch mit einem nicht nur für Kinder gedachten interaktiven Spiel.

Das **Café Morgal** (Moravské náměstí 1a, Tel. +420 736 776 728, www.morgal.cz, Mo–Sa 10–23, So 10 –22 Uhr) wurde von jungen Architekten in der Sakristei der St.-Thomas-Kirche errichtet. Die Fresken an der Decke sind den Originalen nachempfunden, die während der Restaurierung freigelegt wurden. Diese Neuinterpretation des Barockstils kommt in Brünn gut an. Das kleine Lokal ist immer gut besucht und eignet sich perfekt, die Tour bei einem Cappuccino ausklingen zu lassen.

← Hotel Avion in neuem Glanz

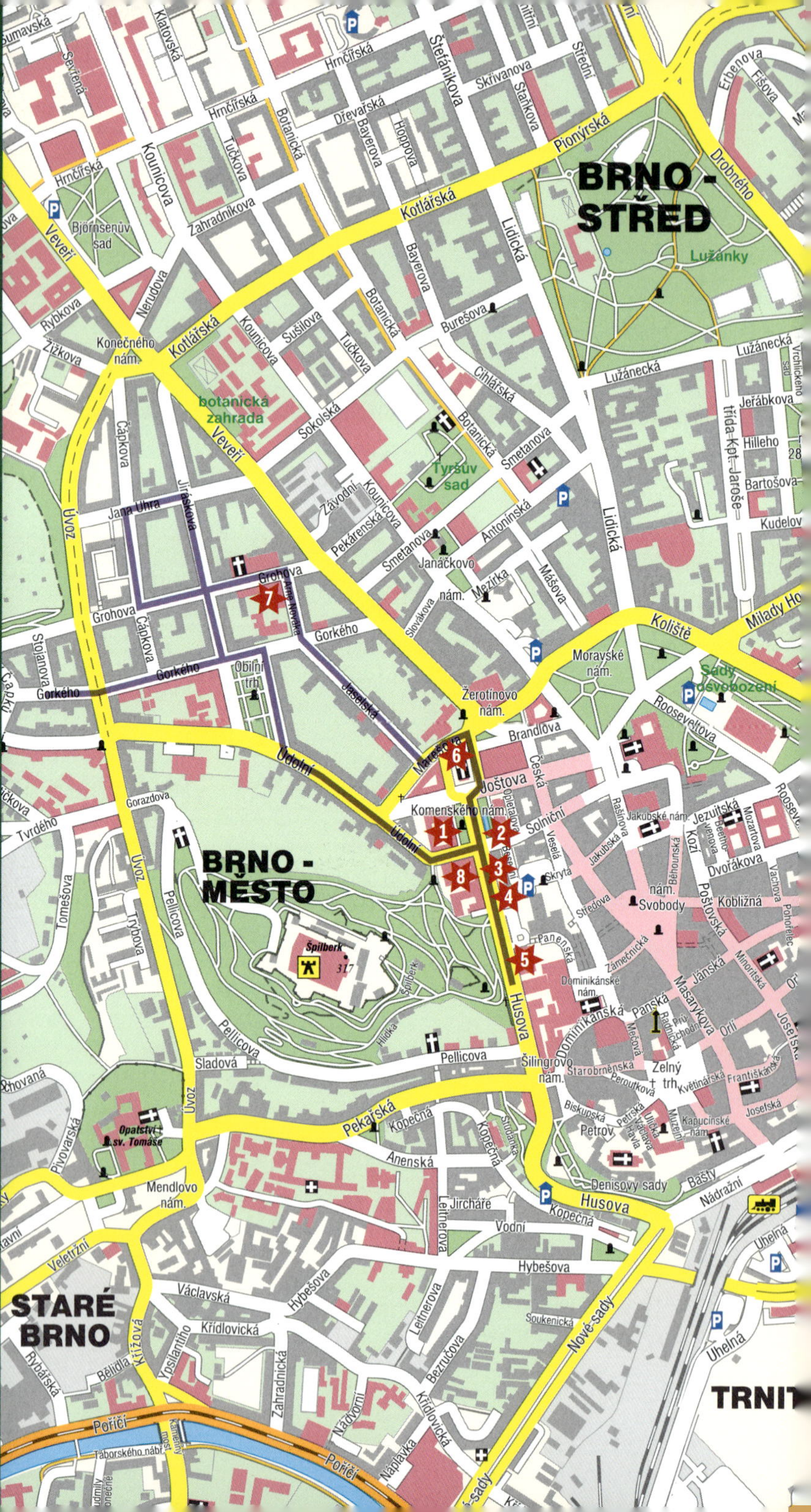

BRNO - STŘED
BRNO - MĚSTO
STARÉ BRNO
TRNIT
Lužánky
botanická zahrada
Tyršův sad
Sady osvobození
Björnsenův sad
Špilberk
317
Opatství sv. Tomáše
Konečného nám.
Janáčkovo nám.
Moravské nám.
Žerotínovo nám.
Komenského nám.
nám. Svobody
Dominikánské nám.
Zelný trh
Šilingrovo nám.
Mendlovo nám.
Petrov
Denisovy sady
Kapucínské nám.
Jakubské nám.
Obilní trh
Šumavská
Klatovská
Hrnčířská
Štefánikova
Střední
Erbenova
Fišova
Drobného
Sevřená
Dřevařská
Bayerova
Hoppova
Skřivanova
Staňkova
Pionýrská
Kotlářská
Kounicova
Botanická
Tučkova
Zahradnikova
Lidická
Veveří
Nerudova
Rybkova
Žižkova
Sušilova
Burešova
Cihlářská
Lužánecká
Jeřábkova
třída Kpt. Jaroše
Hilleho
Bartošova
Kudelova
Sokolská
Smetanova
Čápkova
Jana Uhra
Jiráskova
Závodní
Pekárenská
Antonínská
Mášova
Mezírka
Slovákova
Úvoz
Grohova
Arne Nováka
Gorkého
Stojanova
Jaselská
Koliště
Milady Horákové
Rooseveltova
Brandlova
Česká
Marešova
Joštova
Údolní
Solniční
Opletalova
Besední
Veselá
Skrytá
Jakubská
Rašínova
Běhounská
Kozí
Jezuitská
Mozartova
Beethovenova
Dvořákova
Kobližná
Poštovská
Vachova
Pohořelec
Gorazdova
Tvrdého
Tomešova
Pellicova
Tábor
Středova
Panenská
Husova
Zámečnická
Jánská
Minoritská
Masarykova
Orlí
Josefská
Dominikánská
Panská
Radnická
Průchodní
Měnova
Starobrněnská
Peroutkova
Květinářská
Františkánská
Biskupská
Petrská
Muzejní
Bašty
Nádražní
Hlinky
Sladová
Pekařská
Kopečná
Studánka
Anenská
Leitnerova
Jircháře
Vodní
Hybešova
Pivovarská
Ochovaná
Veletržní
Václavská
Křídlovická
Soukenická
Nové sady
Uhelná
Křížová
Ypsilantiho
Zahradnická
Bezručova
Bělidla
Rybářská
Poříčí
Táborského nábř.
Kamenný most
Nádvorní
Náplavka
1
2
3
4
5
6
7
8

Die Janáček-Akademie für Musik und darstellende Kunst

2 Historismus und hippe Szene

AUSGANGSPUNKT Komenského náměstí

ENDPUNKT Komenského náměstí

DIE ROUTE Etappe 1: Komenského náměstí (1 Masaryk-Universität) – 2 Musik-Fakultät der Janáček-Akademie für Musik und darstellende Kunst, 3 Besední dům). Etappe 2: Husova (4 Mährische Galerie, 5 Kunstgewerbemuseum). Etappe 3: Komenského náměstí (6 Comeniuskirche), Zerotinovo náměstí – Marešova – Jaselská. Etappe 4: Gorkého – Arne Nováka (7 Philosophische Fakultät der Masaryk-Universität) – Grohova – Čápkova – Jana Uhra – Jiráskova – Obilní trh. Abstecher: Gorkého. Etappe 5: Vom Park Obilní trh zum Komenského náměstí (8 Deutsche Turnhalle)

Etappe 1: Der Comeniusplatz

Die Tour startet am Comeniusplatz (Komenského náměstí), der Schnittstelle zwischen dem historischen Stadtkern, dem Spielberg mit seiner mittelalterlichen Burg, der triumphalen Ringstraße und den repräsentativen Wohnvierteln.

Im Verlauf von ein paar Stunden „durchschreiten" wir bei diesem Spaziergang mehrere Epochen: von 1918, dem Zusammenbruch der Donaumonarchie, bis zum Ende des kommunistischen Regimes 1989. Von der Wende bis zur Jetztzeit. Und natürlich begegnen uns auch die Akteure jener Zeit, Menschen, die Innovation, Aufbruch und Neubeginn möglich machten.

★ UNBEDINGT HINGEHEN

Kunstgewerbemuseum → Seite 41
Otevřená zahrada (offener Garten) → Seite 50
Café Falk → Seite 46

Tomáš Garrigue Masaryk (1850–1937) zunächst. Ihn sehen wir in voller Lebensgröße vor dem Eingang zu der nach ihm benannten **1 Masaryk-Universität** (Masarykova univerzita, Komenského náměstí 2, www.med.muni.cz) am Comeniusplatz, mit nach vorn geneigtem Kopf steht er da, so, als würde er unsichtbaren Stürmen trotzen.

Der spätere Präsident der Tschechoslowakischen Republik war Sohn eines slowakischen Kutschers und einer Köchin aus einer deutsch-mährischen Bauernfamilie. Er kam mit einem Stipendium in die Stadt und bezog als 15-jähriger Gymnasiast 1865 ein Untermietzimmer.

Unmittelbar hinter dem Denkmal liegt der Eingang zur Universität, die 1849 von Kaiser Franz Joseph als Deutsche technische Hochschule gegründet wurde und heute die medizinische Fakultät beherbergt. Die Tschechische technische Hochschule folgte 1899 und befand sich in der Kounicova (→ Seite 54).

Dazu muss man sich Folgendes vergegenwärtigen: Um 1900 waren mehr als sechzig Prozent der Brünner Bevölkerung deutschsprachig. Jede der Institutionen hatte ihr Gegenstück in der jeweils anderen Kultur: Neben dem deutschen Turnverein gab es die tschechische Sokol-Bewegung, deutschen literarischen Salons entsprachen tschechische Clubs, zu jeder deutschen Schule oder Universität gab es ein tschechisches Pendant. Nach der Ausrufung der Republik 1918 änderte sich das Verhältnis dann, zahlreiche Nachbarorte wurden eingemeindet, Brünn war mit einem Mal zweitgrößte Stadt des Landes und die Mehrheit der Bewohner gab Tschechisch als Muttersprache an.

„Diese Stadt hatte eine Geschichte und sie hatte auch ein Gesicht, aber darin passten die Augen nicht zum Mund oder das Kinn nicht zu den Haaren, und über allem lagen die Spuren eines stark bewegten Lebens, das innerlich leer ist“, so beschrieb Robert Musil die Stadt seiner Jugend. Sein Hauptwerk, „Der Mann ohne Eigenschaften“, ist in den Jahren 1920 bis 1942 entstanden, vieles darin ist autobiografisch und bezieht sich auf seine Jahre in Brünn. Doch zurück zum Universitätsgebäude. Hierher wurde Robert Musils Vater 1891 als Professor für Maschinenbau berufen, hier immatrikulierte der Sohn sich für das gleiche Fach, schloss seine Studien allerdings mit einer Dissertation über den in Chrlice geborenen Landsmann, Philosophen und Physiker Ernst Mach ab.

Und noch ein großer Name muss im Zusammenhang mit der Uni am Komenského náměstí genannt werden, der Viktor Kaplans: Im Kellergeschoß des Gebäudes hatte der Erfinder ein bescheidenes Labor. Gesponsert von einem privaten Geldgeber, Besitzer der drittgrößten Maschinenfabrik der Stadt, gelang ihm hier im Jahr 1912 die bahnbrechende Erfindung der Wasserturbine, begleitet vom Desinteresse des österreichischen Schulministeriums, das nur minimale Geldzuschüssen bewilligte.

Wir bleiben noch eine Weile zu Masaryks Füßen auf einer Parkbank sitzen und lassen den Platz auf uns wirken. Straßenbahnen kreuzen wie Dampfer, die aus dem Hafenbecken hinaus aufs offene Meer fahren – diese Weite, diese Großzügigkeit findet sich nirgendwo sonst in dieser großen Kleinstadt. Präsentiert wie Mo-

Tomáš Garrigue Masaryk, erster Präsident der ČSR

delle auf einem Zeichentisch stehen die kaiserlichen Prunkbauten da, von den gleichen Architekten entworfen wie jene der Wiener Ringstraße.

Gegenüber der Universität, hinter einer Reihe munter sprudelnder Fontänen, steht das frühere Deutsche Gymnasium, errichtet von Eduard van der Nüll und August Sicard von Sicardsburg, den Erbauern der Wiener Oper. Die Karyatiden über dem Eingang symbolisieren das Studium der klassischen Antike, an dem sich Tomáš G. Masaryk und viele andere die Zähne ausgebissen haben. Heute befindet sich hier die 2 **Musik-Fakultät der**

Janáček-Akademie für Musik und darstellende Kunst (JAMU, Komenského náměstí 6, Tel. +420 542 591 111, www.jamu.cz), benannt nach Leoš Janáček, dem großen Sohn der Stadt (→ Seite 55 und 113). Bei Absolventenkonzerten, die hier regelmäßig stattfinden und meist mit einem Plakat neben dem Eingang angekündigt werden, kann man die Räumlichkeiten besichtigen.

In der Verlängerung des Platzes Richtung Süden folgt auf der gleichen Straßenseite ein Bau von Theophil Hansen, zwischen 1870 und 1873 entstanden und Ausdruck seiner Idealvorstellung der „griechischen Renaissance". Das sogenannte 3 **Besední dům** (Komenského náměstí 8) – „Besední" heißt „plaudern", „dům" bedeutet „Haus" – war das Zentrum des tschechischen Gesellschaftslebens in Mähren Ende des 19. Jahrhunderts. An den Verzierungen der Fassade hatte der Vater von Adolf Loos – von Beruf Steinmetz – mitgearbeitet. Loos selbst wurde angeblich nie müde, dieses Werk zu loben. Heute beherbergt das Besední dům das Philharmonieorchester von Brünn (Statni filharmonie Brno, Komenského náměstí 8, Tel. +420 539 092 811, www.filharmonie-brno.cz).

Etappe 2: Kleine Museumstour

Fast zeitgleich wie das Besední dům, in einem ganz ähnlichen Stil und vom gleichen Architekten entworfen, entstand 1874 ein luxuriöses Stadtpalais, gebaut für Alois Pražák, den Gründer der mährischen Nationalpartei und Reichstagsabgeordneten in Wien.

Dieser Gebäudekomplex im Stil der Neorenaissance gehörte nicht

Das Palais Pražák, heute Museum der Moderne

nur zu den markantesten Bauten der Stadt, seine Entstehung glich zu Zeiten der Monarchie einem regelrechten Manifest, machte die nationalen Bemühungen der tschechischen Gesellschaft im deutschen Brünn sichtbar und trug sie nach außen, an die Öffentlichkeit.

Heute beherbert das Palais Pražák einen der fünf Stützpunkte der 4 **Mährischen Galerie** (Moravská galerie, Pražákův palác, Husova 18, Tel. +420 725 097 374, www.moravska-galerie.cz, Mi–So 10–18, Do 10–19 Uhr), wo moderne und zeitgenössische Kunst zu sehen ist.

Nach einem Relaunch 2015 wurde alles Museale aus dem Haus verbannt. „Art is here", so das Motto der neuen Schau, die zwei Dauerausstellungen in verschiedenen Stockwerken mittels einer Rutsche verbindet, was immer wieder vergnügte Ausrufe zur Folge hat und die Räume mit Leben füllt. Ein Skulpturenpark, eine Bibliothek, ein Buchgeschäft, ein Kinderspielzimmer und ein Café vervollständigen das Konzept.

Im Anschluss folgt, etwas zurückversetzt, das **Hotel International** (Best Western Premier, Husova 16, Tel. +420 542 122 111, www.hotelinternational.cz). Die Innenräume stellen eines der wenigen beinahe intakt erhaltenen Beispiele für ein Gesamtkunstwerk aus der so genannten Brüsseler Ära dar. Die Produkte aus Glas, Metall oder Kunststoff knüpfen an das hohe Niveau des Designs aus der Ersten Tschechischen Republik an und leiten über zum nächsten Programmpunkt dieser Tour: dem 5 **Kunstgewerbemuseum** (Uměleckoprůmyslové muzeum, Husova 14, Tel. +420 778 449 787, www.moravska-galerie.cz, Mi–So 10–18, Do 10–19 Uhr). Im Stil der florentinischen Renaissance erbaut, stammt es von Johann Gregor Schön, dem späteren Rektor der Technischen Hochschule in Wien. Nach dem Zweiten Weltkrieg nahm sich Bohuslav Fuchs, einer der führenden Vertreter des Funktionalismus (→ Seite 86), der Renovierung an. Sein heutiges sehr modernes „Innenleben" ver-

Die Skulptur „Dämon des Wachstums" in der Mährischen Galerie

Mode und Design im Kunstgewerbemuseum

dankt es dem Architektenteam Rudiš & Koleček & Vydrová.

Nach dreijährigem Umbau änderte das Museum 2021 sein Konzept radikal. Dauerausstellungen zeichnen die Geschichte des Designs nach, präsentieren Design aus allen Blickwinkeln und würdigen auch das zeitgenössische Geschehen im Bereich Glas, Keramik, Schmuck und Mode.

Als sichtbares Zeichen nach außen hin fungiert „Mrak", die Wolke, eine von Marek Štěpán entworfene Installation, die ihre Farbe wechseln und auf verschiedene Reize reagieren kann.

Die mit Folie bespannte Stahlkonstruktion erinnert an ein überdimensionales Ei, das über der Terrasse zu schweben scheint.

Im Anschluss an das Museum – weiter südlich – folgt ein Magistratsgebäude und danach die Střední škola umění a designu, ehemals k. k. Staats-Gewerbeschule, heute **Fachhochschule für Fotografie, Design, Restauration und Innenarchitektur** (Husova 10, Tel. +420 543 421 361, www.ssudbrno.cz). Der in Brünn geborene Adolf Loos traf hier 1889 mit dem aus einer kleinen mährischen Ortschaft stammenden Josef Hoffmann zusammen. Hoffmann belegte Kurse in Mathematik, Physik, Chemie und Geschichte und bekam im Fach „Stillehre" die Grundsätze der antiken Baukunst vermittelt. Als sogenannter „Moderner" stand Adolf Loos in starkem Widerstreit zu seinem Kollegen, dessen Formenreichtum er vehement anprangerte.

Von Loos' Brünner Jahren weiß man nur so viel: In den Sommerferien 1887 absolvierte er ein Maurerpraktikum auf der

Baustelle der Mährischen Landesgebäranstalt; dann verliert sich seine Spur. Gebaut hat er in seiner Geburtsstadt nichts, sieht man von der Fassadengestaltung in der Jiráskova 26 (→ Seite 49) und der Innenausstattung des Bauer-Schlösschens auf dem Messegelände einmal ab (→ Seite 104).

Nach dem Ende der Habsburgermonarchie 1918 nahm Loos die tschechoslowakische Staatsbürgerschaft an und erhielt von Masaryk eine Pension.

Vis-à-vis dem Magistratsgebäude, auf Nummer 13, befindet sich der Eintritt in den **Luftschutzbunker 10-Z** (Kryt 10-Z, Husova 13, Tel. +420 542 210 622, www.10-z.cz, Di–So 11.30–18.15 Uhr, Eintrittskarten online oder im TIC, Panenská 1). 10-Z ist die Codebezeichnung eines streng geheim gehaltenen Brünner Schutzraums aus der Zeit des kommunistischen Regimes, der nun der Öffentlichkeit zugänglich gemacht wurde und auch als Hostel fungiert. Führungen werden von Fachleuten geleitet und dauern zwischen vierzig und sechzig Minuten.

Bevor wir die Husova verlassen, halten wir einen Augenblick inne. Die schnurgerade Straße trägt den Namen von Jan Hus, obwohl Brünn kaum jemals hussitisch, sondern meist treu auf katholischer Seite stand. Zur Zeit ihrer Entstehung 1863 hieß sie Elisabethstraße. Ihr südliches Ende bildet der bereits erwähnte Obelisk, der von seinen Ausmaßen her eher nach Paris, London oder Berlin passen würde. Doch er steht in Brünn und soll den Triumph über das revolutionäre Frankreich und Napoleon verherrlichen. Am Fuße des Podests prangt die vergoldete deutsche Inschrift „Des treuen Mährens und Schlesiens sei Dank“.

Etappe 3: Vom Komenského náměstí in die Jaselská

Nach der Tour durch die Museen gehen wir zurück zum Universitätsgebäude und weiter Richtung Norden bis zu der aus rotem Backstein errichteten evangelischen

Relikte aus der Zeit des realen Sozialismus

Studententreffpunkt Café Jaga

6 **Comeniuskirche** (Českobratrský evangelický chrám Jana Amose, Komenského náměstí 4, www.cervenykostel.cz, Di–So 14–18 Uhr, Messe: So 10 Uhr). Nach den Plänen von Heinrich von Ferstel 1865 erbaut, ist sie das erste nichtkatholische Gotteshaus in diesem Teil Europas und bildet ein markantes Gegenstück zum Obelisken im Süden an der langen Geraden zwischen den beiden Stadthügeln Spielberg (Hrad Špilberk) und Franzensberg (Petrov).

Wir überqueren die Joštova und gelangen zum Žerotínovo náměstí, einem sehr belebten Platz. Prominent ist hier das sogenannte **Weiße Haus** (Bílý dům, Žerotínovo náměstí 6), ein Mehrzweckgebäude aus der kommunistischen Zeit, das Universitätsinstitute, einen Konzertsaal und eine Kinderpoliklinik beherbergt. Es gilt als hochwertiges Beispiel für die tschechische Architektur der 1970er-Jahre und belegt, dass man durchaus mit den Trends im kapitalistischen Westen Schritt halten konnte. Bei den Brünnerinnen und Brünnern war der Bau jedoch nie sehr beliebt, weil hier auch Parteiversammlungen und politische Schulungen stattfanden. Bald nach der Wende wurde hier 1998 die Fakultät für Sozialwissenschaften der Masaryk-Universität eröffnet. Das sehr fantasievoll dekorierte **Café Jaga** (Žerotínovo náměstí 6, Tel. +420 774 983 656, Mo–Sa 8–24, So 14–24 Uhr) bildet einen idealen Rückzugsort. Hier kann man ungestört seinen Laptop aufklappen und schauen, was es Neues in der Welt gibt.

Nach Verlassen des Cafés gehen wir rechts durch die Marešova und biegen gleich wieder rechts in die Jaselská ein.

„Sehen Sie dieses Haus da Nr. 10?“, schreibt Musil in einer seiner zahlreichen Notizen, „und jenes dort, wo die Seitengasse abbiegt – und jenes große mit den vielen

★ UNBEDINGT HINGEHEN

Musils Wohnhaus in der Jaselská 10 → Seite 45

Naše věci, Vintage-Laden → Seite 47

Balkonen? Da wohnen lauter Bekannte von mir. In dem da habe ich heute Besuch gemacht und in jenem werde ich morgen zu Mittag speisen und werde über Theater plaudern oder vielleicht auch über Kunstgenuss ..." Fast kommt es einem vor, als würde er uns persönlich an den Häusern in „seiner" Gasse vorbeiführen. In der Jaselská 10 bezogen die Musils im Jahr 1898 Quartier. In dieser Zeit entstanden Tagebucheintragungen und Prosastücke, die später im „Mann ohne Eigenschaften" verarbeitet wurden.

An der gegenüberliegenden Straßenseite (Jaselská 5), wird Karel Čapek, der bekannte tschechische Schriftsteller, geehrt. Von 1905 bis 1907 wohnte er hier bei seiner Schwester und besuchte das Gymnasium.

Als Student ging Musil wohl mehrmals täglich durch diese Gasse, mag sein, dass er hier Tonka begegnete, der kleinen Verkäuferin, die in einem Tuchgeschäft arbeitete und von der Berührung der vielen Stoffballen feuchte Hände hatte. Die Affäre mit der Unglücklichen, die Musil von 1900 bis 1907 in ihrem „Schmeichelzimmer" traf und die schließlich an der Folge einer syphilitischen Schwangerschaft starb, liefert den Stoff für die Novelle „Tonka", die 1922 in Wien erschien.

Das nach Plänen des Prager Architekten Antonín Pfeiffer erbaute Jugendstilgebäude auf Nr. 9, gegenüber seiner ehemaligen Wohnadresse, zeigt an der Fassade eine Engelsfigur von Karel Novák; diese Darstellung soll als Motiv des Schutzengels in Musils Werk Eingang gefunden haben.

Das 1887 im Stil der tschechischen Neorenaissance von Antonín Terbich entworfene Gebäude auf Nr. 7 war um 1900 Sitz des Vereins Vesna, der sich für die Bildung von Mädchen und Frauen in tschechischer Sprache einsetzte und im kulturellen Leben der Stadt eine wichtige Rolle spielte. Künstler, Literaten und Musiker,

Jugendstilfassade in der Jaselská

Café Pansky – eine Brünner Crêperie

darunter auch Leoš Janáček, verkehrten hier.

Dass in dieser ruhigen, verträumten Gegend ein Lokal wie das **Zdravý život** (dt. „gesundes Leben", Jaselská 11, Tel. +420 549 211 081, www.zdravyzivot.com, Mo–Fr 8–18 Uhr) aufgemacht hat, verwundert nicht. Hier werden täglich zwei makrobiotische Menüs gekocht von Leuten und für Leute, denen alles, was nachhaltig ist, am Herzen liegt.

Mit dem **Panksy** (Jaselská 17, Tel. +420 778 144 804, www.panksy.cz, Mo–Di 10–22, Mi–Fr 10–23, Sa, So 12–20 Uhr), das ein paar Häuser weiter eröffnete, etablierte sich eine völlig neue, durchaus willkommene Spezies von Lokal – die „Palačinkárna", zu Deutsch „Das Palatschinken-Café".

Etappe 4: Von der Jaselská in die Jiráskova

In eine ganz andere Kategorie von Lokalen gehört jenes, das uns am Ende der Straße willkommen heißt und im Sommer mit einem Schanigarten lockt. Das **Café Falk** (Gorkého 12, Tel. +420 704 722 042, www.cafefalk.cz, Mo–Fr 7.30–24 Uhr) gilt als Intellektuellencafé. Hier trifft man auf eine lebendige Kaffeehauskultur mit Zeitungen, Film-, Theater- und Konzertprogrammen, die zum Schmökern einladen.

Auch wenn man der tschechischen Sprache nicht mächtig ist, versteht man, was mit Kreide auf der Schiefertafel steht: „jablečný štrůdl" heißt Apfelstrudel – eine kleine Hommage an Wien.

Aus dem Café kommend biegen wir rechts in die Arne Nováka, die Verlängerung der Jaselská, ein, benannt nach Arne Novák (1880–1939), dem ehemaligen Rektor der Masaryk-Universität und bedeutenden Literaturhistoriker. Auf Nummer 1 hat die 7 **Philosophische Fakultät der Masaryk-Universität** (www.muni.cz) ihren Sitz. Der begrünte Innenhof bietet sich geradezu an für eine Rast, vor allem auch wegen des interessanten Neubaus – der Bibliothek. Der mit vertikal verlaufenden Eichenholzlamellen bedeckte Kubus stammt von den Architekten Ladislav Kuba und Tomáš Pilař und wurde 2001 fertiggestellt.

Zurück auf der Straße gehen wir die Arne Nováka entlang des Unigebäudes vor und sehen durch die großzügig angelegten Fensterfronten Studierende in lebhafte Gespräche vertieft. **Café „kaFFe“** (Arne Nováka 1, Mo–Fr 8–20 Uhr, Sa, So 9–17 Uhr).

Am Ende der Straße stoßen wir auf die Grohova, die frühere Waisenhausgasse. Ihr heutiger Name hält die Erinnerung an Vladimír Groh wach. Er war Professor für Alte Geschichte an der Masaryk-Universität, ging 1939 in den Widerstand, wurde verhaftet, zum Tode verurteilt und hingerichtet. Seit Juli 2014 gibt es auf Nummer 56a auch einen Stolperstein (kameny zmizelých), der die Erinnerung wachhalten soll.

Wir biegen links in die Grohova ein und machen Ecke Grohova/Jiráskova bei **Naše věci** (Jiráskova 16, Tel. +420 702 283 070, www.naseveci.cz, Mo–Fr 9–18 Uhr), auf Deutsch „unsere Sachen“, halt. Auch dabei handelt es sich um eine ganz besondere Spezies von Lokal: halb Shop und halb Café. Hier kann man entspannt Kleider probieren, Accessoires aussuchen oder auch einfach nur Kaffee trinken.

Danach schauen wir vis-à-vis auf Nummer 24 kurz bei Zuzana Zajícová im **Z+Z Second-Hand** (Grohova 24, Tel. +420 541 219 312, Mo–Fr 10–18 Uhr) vorbei, um nach dem ultimativen Teil zu suchen, das unsere Garderobe ergänzen wird.

Das Intellektuellencafé Falk

Halb Shop, halb Café: Naše věci

Wir setzen unseren Spaziergang durch die Grohova fort und stoßen am Ende der Straße auf die Čápkova, in die wir links einbiegen und die wir ein Stück bergab gehen.

Auf Nummer 11 begegnen wir wieder einer originellen Kaffeehausvariante, diesmal ist es ein Wein-Café, betrieben von zwei Mädchen aus einer Winzerfamilie. Die beiden Schwestern gaben dem Lokal **Klára Bára Winecafé** (Čápkova 11, Tel. +420 725 913 044, Mo–Fr 8–23,Sa 10–23 Uhr) ihren Namen und stehen, so sie nicht im Weingarten arbeiten, den Gästen bei der Getränkeauswahl mit Rat und Tat zur Seite.

Nach einer kleinen Weinverkostung sind wir in der richtigen Stimmung, um bei Bob Klásek im **Meteor** (Jana Uhra 21, Eingang: Čápkova 28, Tel. +420 777 599 600, www.meteorshop.cz, Di–Fr 14–18 Uhr) vorbeizuschauen. Nach Jahren in Australien betreibt der Dolmetscher für Deutsch und Englisch einen Shop mit Raw Denim, LPs, Vintage und handgefertigten Schuhen.

Nach einer kurzen Plauderei im „Meteor" gehen wir ein Stück bergauf und biegen rechts in die Jana Uhra ein. Gründerzeitwohnhäuser, schön restauriert, in strahlendem Grün, Orange und Gelb säumen die stille Gasse. Bald schon stoßen wir auf die Jiráskova, die wir stadteinwärts gehen.

Die Jiráskova hat Charisma. Vielleicht ist sie sogar die schönste Straße Brünns. Sie verläuft leicht ansteigend, ist einheitlich verbaut, kein Haus überragt das andere. Zwei akkurat gepflanzte Alleen spenden im Sommer Schatten.

Wenn wir sie weiter bergab gehen, was wir jetzt tun, eröffnet sich einer dieser unerwarteten Ausblicke auf den Spielberg und die Burg, die in der Ferne aussieht, als würde sie schweben.

Hier wohnten die Professoren, die Beamten und Gelehrten, hier tranken sie ihren Tee, lasen ihre Zeitung, küssten nach Tisch ihren Frauen die Hand, um schnell wieder zu entschwinden: ins Amt, an die Hochschule, ins Kaffeehaus. Heute ist diese Gegend hip.

Wie bereits erwähnt, wird die Gestaltung der Fassade des Hauses Nr. 26 Adolf Loos zugeschrieben.

Am Ende der Jiráskova erreichen wir den Park **Obilní trh.** Unter schattigen Bäumen breitet sich hier im Sommer ein Biergarten aus, und das Wirtshaus **U Čápa** (Obilní trh 10, Tel. +420 778 545 878, tägl. 11–24 Uhr, www.pivnice-ucapa.cz) lädt mit frisch gezapftem Pilsner zu einer kurzen Rast ein. Wer der Versuchung einzukehren widerstehen kann, setzt nun den Spaziergang durch die nach dem russischen Dichter Maxim Gorki benannte Gorkého fort.

Abstecher: Die Gorkého

Ecke Gorkého/Čápkova hält das **Café Steiner** (Gorkého 38, Tel. +420 602 561 389, Mo–Fr 11–16 Uhr) seit den frühen 2000er-Jahren die Stellung. 2002 vom Architektenduo RAW gestaltet, befindet es sich in einem funktionalistischen Bau der 1930er-Jahre und wird bei Mitgliedern der Kunstszene sehr geschätzt.

Wir gehen die Gorkého vor, queren beim Fußgängerübergang die stark befahrene Úvoz und gelangen auf der gegenüberliegenden Straßenseite zur Galerie **Off Format** (Gorkého 41, Tel. +420 737 969 098, www.offformat.cz, Di u. So 14–19 Uhr und nach tel. Anmeldung) und damit mitten ins Zentrum zeitgenössischer tschechischer Kunstproduktion.

Dieser Abschnitt der Gorkého ist auch für seine Lokalszene berühmt.

Zunächst ist da die **Whiskey Bar, který neexistuje** (Gorkého 58, Tel.+420 775 018 444, www.whiskeyprovsechny.cz/, Mo–Do 17–24, Fr, Sa 17–1, So 17–23 Uhr). In dieser Whiskey Bar, die nicht existiert – so die Übersetzung ins Deutsche –, trifft man auf einen Barkeeper aus Fleisch und Blut, der gut gelaunt seine Drinks mixt und den schottischen Powerdrink in allen möglichen Varianten serviert.

★ Robert Musil (1880–1942)

kam in Klagenfurt zur Welt und verbrachte seine Jugendjahre in Brünn. Sein Werk umfasst Novellen, Dramen, Essays, Kritiken und zwei Romane. 1906 erschien „Die Verwirrungen des Zöglings Törleß“, das als Beispiel der literarischen Moderne im Deutschunterricht an vielen Schulen heute noch durchgenommen wird.

Sein Hauptwerk, „Der Mann ohne Eigenschaften“, zählt zur Weltliteratur. „Kakanien“ nennt Musil darin die in ihren alten Strukturen erstarrte und dem Untergang geweihte K.-u.-k.-Monarchie.

Im Mittelpunkt der Handlung steht Ulrich, ein junger Intellektueller, der in vielerlei Hinsicht Züge von Musil selbst trägt. Auf der Suche nach einer sinnvollen Existenz, reflektiert er seine Beobachtungen zu Gesellschaft, Politik und Kultur. An diesem 1700 Seiten starken Werk hat Musil seit den 1920er-Jahren bis zu seinem Tod fortlaufend gearbeitet, ohne es jemals abschließen zu können.

Otevřená zahrada – versteckter Grünraum mitten in der Stadt

Den lohnenden Abschluss dieses Abstechers bildet das **Wirtshaus Bláhovky** (Hostinec U Bláhovky, Gorkého 54, Tel. +420 543 233 310, Mo–So 12–24 Uhr), die beste Adresse für Pilsner vom Fass und Nakládaný hermelín, in Öl eingelegten Weichkäse mit scharfen Pfefferoni.

Etappe 5: Vom Park Obilní trh zum Comeniusplatz

Wir treten den Rückweg an und erreichen bald wieder den Park Obilní trh, durchqueren ihn und gelangen zur Údolní, dt. Talgasse.

Hier werfen wir einen Blick auf das Wartehäuschen bei der Straßenbahnhaltestelle. Das coole Stadtmöbel, 1928 designt von Oskar Poříska (→ Seite 35), war ursprünglich sogar mit einem unterirdischen öffentlichen WC ausgestattet.

Wir überqueren die Údolní und stehen vor dem Eingang zum Gemeinschaftsgarten **Otevřená zahrada** (dt. „offener Garten", Údolní 33, Tel. +420 515 903 111, www.otevrenazahrada.cz, Mo–Fr 8–18, Sa, So 10–18 Uhr), ein Projekt, das die ehemals privaten Grünräume hinter den Patrizierhäusern den Stadtbewohnern und -bewohnerinnen zugänglich gemacht hat.

Auf Nummer 15 kommen Kaffee-Aficionados zum Zug. Das **Café Mezzanine** (Údolní 15, Tel. +420 542 211 243, www.cafemezzanine.cz, Mo–Fr 7–23, Sa, So 10–22 Uhr) ist seit seiner Eröffnung 2008 stolz auf seinen authentischen, hocharomatischen Espresso. Im Untergeschoß werden fünfzehn verschiedene Qualitätsmarken von Absinth angeboten.

Auf Nummer 13 liegt die auf zeitgenössische Kunst spezialisierte **Galerie Aspekt** (Údolní 13, Tel. +420 724 535 500, galerie-aspekt.cz, Di–Do 13–18 Uhr). Die Galerie entpuppt sich als Raumflucht größerer und kleinerer Salons – mit alten Parkettböden, einem elegant geschwungenen Erker und einer Terrasse, die direkt in den Garten führt.

Im letzten Abschnitt der Údolní kommen wir an einigen trendigen Shops und sogenannten Kreativ-Hubs vorbei und erreichen das **Cafe Podnebí** (Údolní 5, Tel. +420 542 211 372, www.podnebi.cz, Mo–Fr 8–24, Sa, So 9–24 Uhr), einen bei Studenten sehr beliebten Treffpunkt, vor allem wegen des Gartens, der sich am Fuße des Spielbergs erstreckt. Unkomplizierte Gerichte wie Palatschinken, Panini, Salate und Suppen passen sich jeder Geldbörse an.

Nicht zu übersehen ist hier der rote, neugotische Ziegelbau, der 1868 als 8 **Deutsche Turnhalle** (Údolní 3, www.fsps.muni.cz) errichtet wurde und heute noch Sportstudentinnen und -studenten als Trainingsort dient.

Am Ende der Údolní stehen wir wieder auf dem Comeniusplatz (Komenského náměstí) und haben somit den Ausgangspunkt unserer Tour erreicht.

Croissant und Espresso im Café Mezzanine

PONAVA
V černém poli
Botanická zahrada a arboretum
Boby centrum
BRNO - STŘED
Lužánky
Vila Tugendhat
Vila Löw - Beer
botanická zahrada
Tyršův sad
Sady osvobození
Moravské nám.
Žerotínovo nám.
Komenského nám.
Jakubské nám.
nám. Svobody
Zelný trh
Dominikánské nám.
Šilingrovo nám.
Kapucínské nám.
Petrov
Denisovy sady
Špilberk
BRNO - MĚSTO
Opatství sv. Tomáše
Mendlovo nám.
Konečného nám.
Chaloupeckého nám.
nám. 28. října
Malinovského nám.
autobusové nádraží Benešova třída
Brno - hl. n.
Sportovní
Pionýrská
Kotlářská
Drobného
Lidická
třída Kpt. Jaroše
Koliště
Milady Horákové
Údolní
Pekařská
Husova
Úvoz
Nádražní
Úzká
Dornych
Křenová
Masarykova
Rooseveltova
Cejl

Der Botanische Garten in der Kotlárská

3 Chilling out in der Gartenstadt

AUSGANGSPUNKT Moravské náměstí

ENDPUNKT Komenského náměstí

DIE ROUTE Etappe 1: Moravské náměstí – Kounicova (1 Hotel Continental) – Smetanova (2 Janáček-Museum) – Antonínská (3 Tschechische technische Hochschule). Etappe 2: Botanická – 4 Tyršův-Garten – Botanická (5 Hussitenkirche). Etappe 3: Botanická – Sokolská – Konečného náměstí / Jiráskova (6 Tivoli) – Kotlárská (7 Botanischer Garten der Masaryk-Universität). Etappe 4: Kotlárská – Botanická – Burešova – Cihlářská (8 Masaryk-Studentenwohnheim) – Smetanova – Lidická (9 Stadttheater) – Třida Kpt. Jaroše. Etappe 5: Rundgang durch den Lužánky-Park (10 Augartencasino). Etappe 6: Drobného (11 Villa Löw-Beer, 12 Schodová-Treppe) – Černopolní (13 Villa Tugendhat). Etappe 7: Černopolní – Zemědělská (14 Universität für Bodenkultur, 15 Pavillon Q) – 16 Botanischer Garten – Zemědělská – Lesnická

Lobby des Hotel Continental, in Designbibeln verewigt

Für diese Tour, die am Moravské náměstí (→ auch Seite 70), einem neuralgischen Punkt der Stadt, beginnt und draußen im Grünen, im Villenviertel Černá Pole, endet, sollte man sich Zeit nehmen. Sie ist nichts für Eilige. Ihnen empfehlen wir, das Pensum in zwei Tagen zu absolvieren oder zur Abkürzung eine Strecke mit der Straßenbahn zurückzulegen (z. B. von der Česká-Straße mit der Nr. 12 in Richtung Královo Pole oder der Nr. 3 in Richtung Bystrc bis zur Haltestelle Konečné náměstí, siehe www.jrbrno.cz)

★ UNBEDINGT HINGEHEN

Tyršův-Garten → Seite 57
Villa Löw-Beer → Seite 63
Villa Tugendhat → Seite 66
Café ERA → Seite 67
Botanischer Garten → Seite 67

Etappe 1: Vom Continental zum Leoš-Janáček-Museum

Nach der Gründung der Ersten Tschechoslowakischen Republik 1918 war Brünn mit einem Mal zweitgrößte Stadt des Landes. Durch die Eingemeindung der Nachbarorte stieg die Zahl der Einwohner auf 210.000. Der Bedarf an öffentlichen Gebäuden nahm rasant zu. Es wurden zusätzliche Universitäten, Schulen, Verwaltungsgebäude, Spitäler, Studentenwohnheime, Sportplätze, Kirchen und vieles mehr benötigt – eine ideale Situation für Architekten. In der Stadtverwaltung übernahm Jindřich Kumpošt 1920 als Erster das Planungsamt. Er regulierte weite Teile des Gebiets, durch das dieser Spaziergang führt, und konzipierte es als Universitätsviertel, Wohnbezirk für höhere Angestellte und Gartenstadt zugleich. Genau das ist es, was diese Route so attraktiv macht.

Eine der Geraden, die vom Moravské náměstí (Mährischer Platz) strahlenförmig Richtung Norden verlaufen, heißt Kounicova (Kaunitzstraße), der wir nun stadtauswärts folgen.

Als sie noch Friedhofgasse hieß, hatte Adolf Loos' Vater hier seine Bildhauerwerkstatt. Dort, wo sein Geburtshaus (Kounicova 6) stand, erhebt sich heute das **1 Hotel Continental** (Kounicova 6, Tel. +420 541 519 111, www.continentalbrno.cz), ein 1964 im wahrsten Sinne des Wortes herausragender Bau mit zwölf Stockwerken und einem interessanten, sternförmigen Grundriss. Die Lobby und die Bar im James-Bond-Stil haben sogar Magazine wie *Wallpaper* veranlasst, ihnen große Fotostrecken zu widmen.

Was nur Insider wissen: Das Material für den Gedenkstein, der vor der Drehtüre zum Hotel an den weltberühmten Architekten erinnert, stammt aus der Werkstatt seines Vaters und wurde im Zuge der Bauarbeiten freigelegt. Sie ist zwar nur für Hotelgäste sichtbar, zeugt aber dennoch von einer gewissen Wertschätzung (→ Seite 40 und 71).

Der kleine Park, der an das Areal des Hotels anschließt, ist nach einem weiteren großen Sohn der Stadt, dem Komponisten Leoš Janáček, benannt. Die Skulptur in seiner Mitte – ein Wesen halb Tier, halb Mensch – erinnert an das „Schlaue Füchslein" („Liška Bystrouška"), seine 1924 in Brünn uraufgeführte Oper, die ihn weltberühmt machte. Der Standort für das Denkmal ist nicht zufällig gewählt: das im Stil eines griechischen Tempels gehaltenen Gebäude in unmittelbarer Nähe war einst die angesehene Orgelschule, die Janáček von 1882 bis 1919 leitete. Als Domizil eines prominenten Politikers erbaut, dient die Villa heute als Sitz der Abteilung für Musikgeschichte des Mährischen Landesmuseums.

Seit 2017 zeichnet das Projekt „Auf den Spuren von Leoš Janáček" sämtliche Stationen im Wirken des Komponisten nach und lässt ihn auf Fotomontagen als Protagonisten der eigenen Lebensgeschichte vor unseren Augen lebendig werden (www.leosjanacek.eu).

Der Mann, der Welterfolge wie die Opern „Jenufa" (1904), „Kátja Kabanová" (1921) und „Das

Palais Kaunitz, heute Rektorat der Technischen Universität

Im Garten des Janaček-Museums

schlaue Füchslein“ (1924) schrieb, kam 15-jährig bettelarm mit einem Stipendium nach Brünn und arbeitete sich bis zum Professor am Konservatorium und gefeierten Komponisten hoch. 1908 ließ er sich im Garten seiner Wirkungsstätte ein Privathaus bauen, das er bis zu seinem Tod 1928 bewohnte und das heute als **2 Janáček-Museum** (Moravské zemské muzeum – Památník Leoše Janáčka, Smetanova 14, Tel. +420 606 033 100, www.mzm.cz, Mi–Fr 9–17, Sa, So 13–18) Interessierten offen steht.

Das an dieses Anwesen grenzende Palais gehörte einst Wenzel Robert von Kaunitz, der in Wien Jus studiert hatte, als Abgeordneter im Reichsrat für den Achtstundentag der Arbeiter eintrat und nach dem die Kounicova bis heute benannt ist.

In einer Schenkung überließ der „roter Graf“ genannte Aristokrat 1908 seinen Palast der 1899 gegründeten **3 Tschechischen technischen Hochschule** (Vysoké učení technické v Brně, Antonínská 1, www.vutbr.cz) und richtete außerdem eine Stiftung für den Bau eines Studentenheimes ein.

Fünfzig Jahre nach der Deutschen technischen Hochschule (→ Seite 38) entstanden, entwickelte sich die neue Institution rasch zu einer der fortschrittlichsten und modernsten Lehranstalten in Europa und hat Wichtiges zu den Problemstellungen des Städtebaus und der Architektur beigetragen. Le Corbusier, Walter Gropius, Theo van Doesburg und Adolf Loos hielten Gastvorträge, was das allgemeine geistige Klima entscheidend mitprägte.

Von 1945 bis 1958 wirkte Bohuslav Fuchs hier als Professor. Er gilt als der führende Architekt des Funktionalismus, baute über hundert Objekte, die im Stadtbild von Brünn bis heute sichtbar sind (→ Seite 90). In der permanenten Ausstellung auf dem Spielberg (→ Seite 29) kann man Fotos und Pläne all dieser gebauten oder erdachten Projekte in Ruhe betrachten. Heute ist hier das Rektorat der TU Brünn untergebracht.

Wir setzen unseren Spaziergang durch die Smetanova fort und kommen auf Nummer 41 zu einem stattlichen Eckhaus, das über und über mit Efeu bewachsen ist. Das **Schwedische Haus** (Ecke Botanická) wurde 1910 von Vladimír Fischer erbaut und verfügt über zahlreiche interessante Details wie Laubengänge und Pergola an der einen und ein monumentales Graffito an der anderen Seite. Die dramatische Kampfszene zeigt die historische Schlacht gegen die Schweden 1645 (→ Seite 21).

Etappe 2: Rundgang durch den Tyršův-Garten

Die Botanická, die wir nun weiter stadtauswärts gehen, kündigt bereits die nächste Station an: den 4 **Tyršův-Garten** (Tyršův sad, Botanická, tägl. 6–23 Uhr). Er hatte im Laufe seiner dreihundertjährigen Geschichte viele Bestimmungen: zunächst Friedhof, dann Tiergarten, dann botanischer Garten und schließlich Park und Kulturdenkmal. Geblieben ist von alldem – neben den sorgfältig beschrifteten Blumenbeeten und den lauschigen Plätzen unter alten Bäumen – eine urbane Grünzone, der ein ganz besonderer Zauber innewohnt.

Die klösterliche Strenge der 5 **Hussitenkirche** (Husův sbor, Botanická 1, Tel. +420 541 212 173, www.ccshbrno.cz, Di, Mi 9–12, Do 14–18 Uhr), unser nächstes Ziel, verstärkt diese Stimmung noch. Sie ist ein Werk von Jan Víšek, der wegen seiner Kompromisslosigkeit nur sehr wenige Bauten realisieren konnte. Die 1929 entstandene Kirche ist der erste funktionalistische Sakralbau Tschechiens und eines der ersten Bauwerke dieses Typs in Europa.

Etappe 3: Vom Sportklub Sokol zum Botanischen Garten

Wir gehen die Botanická weiter stadtauswärts und biegen links in die Sokolská ein, benannt nach dem legendären tschechischen Sportklub Sokol (slawisch für „Falke"). Hier, im Eckhaus Sokolská/Kounicova, schlug das Herz der tschechischen Basketballfans, während die deutsche Sportgemeinde sich in der Turnhalle am

Das Schwedische Haus – ein Dornröschenschloss

Sportklub Sokol aus dem Jahr 1929

Comeniusplatz (→ Seite 38) mit Klimmzügen in Form hielt. Das 1929 von Miloš Laml errichtete funktionalistische Gebäude (Kounicova 20/22, www.tjsokolbrno1.cz) wurde sorgfältig restauriert und ist heute ein Kulturdenkmal. Janáček, der fast ein halbes Jahrhundert Mitglied im Verein war, schrieb ihm zu Ehren die „Sinfonietta", wie eine Tafel vor dem Haus dokumentiert.

Wir überqueren die Kounicova, folgen weiter der Sokolská und biegen rechts in die Veveří (die ehemalige Eichhornstraße) ein.

Hier pulsiert das Leben. Straßenbahnen brausen auf den prominenten Konečného náměstí zu und lassen, sobald sie aus der Station fahren, ihr fröhliches Klingelzeichen hören. Wir gehen auf der rechten Straßenseite einen Zaun entlang, der schon unser nächstes Ziel, den Botanischen Garten, ankündigt.

Wir erreichen den sehr belebten, von stattlichen Jugendstilwohnhäusern gesäumten Platz, der früher 6 **Tivoli** genannt wurde und ein beliebtes Ausflugsziel war. Die Häuser (Jiráskova 59, Konečného náměstí 1, 2, 3) stammen von František Pawlu, der von 1899 bis 1916 Stadtbaumeister von Brünn war und sich vom Stil der Wiener Secession inspirieren ließ.

Vom Konečného náměstí geht es nun rechts weiter durch die Kotlárská, wo sich auf Nummer 2 der Eingang in den 7 **Botanischen Garten der Masaryk-Universität** (Botanická zahrada, Kotlářská 2, www.sci.muni.cz/bot_zahr, Okt. bis März: tägl. 9–15, April bis Sept.: Mo–Fr 9–17 Uhr) befindet. In Brünn ist man stolz auf diese mehr als hundertjährige Institution. Unabhängig vom Wetter empfiehlt sich hier ein Rundgang oder eine Rast unter alten Bäumen oder im Gewächshaus. An Wochenenden kann man auch das kleine eiserne Tor gegenüber der Straßenbahnhaltestelle auf der Veveří benützen.

Etappe 4: Vom Kino Art zum Stadttheater

Die Route führt jetzt vom Ausgang des Botanischen Gartens rechts weiter durch die Kotlárská bis zur

Botanická, die wir diesmal stadteinwärts gehen bis zur Burešova. Sofort fällt hier ein weißer Kubus ins Auge, an dessen Fassade die rot-blau-weiße tschechische Fahne hängt. Sie wirkt fast wie ein integriertes kubistisches Kunstwerk und passt gut zu den in Blau gehaltenen Fensterumrahmungen. Das 8 **Masaryk-Studentenwohnheim** (Domov Mládeže, Cihlářská 21, www.masarykuvdm.cz) aus dem Jahre 1930 stammt von Bohuslav Fuchs und wird bis heute in seiner ursprünglichen Form und Funktion genutzt. Nach der Wende saniert, steht es jetzt unter Denkmalschutz.

Im Nebengebäude befinden sich das **Kino Art** (Cihlářská 19, Tel. +420 771 135 410 und +420 771 135 411, www.kinoart.cz) und das sympathische **Café Art** (Cihlářská 19, Tel. +420 724 050 143, tägl. 14–1 Uhr) – ein geheiligter Ort für Cineasten. Hier werden in- und ausländische Autorenfilme gezeigt und Festivals veranstaltet. Im Sommer kann man auch draußen sitzen – ideal, um eine kleine Erfrischung zu sich zu nehmen.

Hat man Lust, in ein echtes Brünner Beisl einzukehren, so bietet sich an der Ecke zur Smetanova Gelegenheit dazu. Das **Hostinec U Semináru** (Smetanova 30, Tel. +420 549 213 648, www.useminaru.cz, Mo–Do 11–23, Fr 11–24, Sa 12–23, So 12–22 Uhr) beschwört mit einem Augenzwinkern die gute alte Zeit der Donaumonarchie herauf und gilt als Bastion der tschechischen Küche.

Aus dem Lokal kommend halten wir uns rechts, gehen zwei Häuserblocks vor und biegen rechts in die Lidická ein.

Bis heute in Betrieb: das Masaryk-Studentenwohnheim von 1930

Hostinec U Semináru – ein Wirtshausklassiker

Auf Nummer 23 erstrahlt ein weiteres Werk von Bohuslav Fuchs in neuem Glanz. Das 1928 erbaute Hotel Slovan wurde nach einer umfassenden Renovierung 2020 als **Hotel Passage** (Lidická 23, Tel. +420 530 352 100, www.hotelpassage.eu) wiedereröffnet. Es lohnt sich, einen Blick hineinzuwerfen, zum einen wegen des Interieur-Designs – der Kunstwerke aus Glas und der Lichtinstallationen –, zum anderen wegen der Küche im Restaurant (Mo–Fr 10–22, Sa 11–22 Uhr).

Ein Stück stadteinwärts liegt unser nächstes Ziel, das 9 **Stadttheater** (Městské divadlo Brno, Lidická 16, Tel. +420 533 316 320, +420 533 316 347, www.mdb.cz), erkennbar an dem halbrunden Vordach und den wehenden Fahnen. Eine Institution! Jeden Abend finden hier mindestens zwei Vorstellungen statt: Theateraufführungen auf der kleineren, älteren Bühne, Musicalproduktionen in dem knapp 700 Zuschauerinnen und Zuschauer fassenden Neubau, der über den Eingang Lidická 14 zu erreichen ist.

Wir durchqueren den mit Blumenbeeten und Parkbänken hübsch gestalteten Innenhof, umrunden das Gebäude und erreichen eine prachtvolle Allee mit eleganten Gründerzeitbauten. Benannt nach Otakar Jaroš, einem tschechischen Offizier und Helden des Zweiten Weltkriegs, stellt die třída Kpt. Jaroše – vormals Alleestraße, dann Schmerlingstraße – so etwas wie ein Verbindungsglied zwischen der Innenstadt mit ihren Geschäften, Cafés und Theatern und dem noblen Villenviertel im Grünen dar.

Berühmtheit erlangte das als „Jaroška" bekannte Schulgebäude auf Nummer 14, weil es das erste Gymnasium in Brünn war, das Tschechisch als Unterrichtssprache einführte und Künstler wie Alfons Mucha oder Literaten wie Karel Čapek oder Milan Kundera zu seinen Absolventen zählte. (www.jaroska.cz).

Als verlängerter Pausenraum der Post-Millennials, die heute hier die Schulbank drücken, hat sich das etwas weiter stadtauswärts gelegene Katzen-Café **Pelišek** (Pelišek kočičí kavárna, třída Kpt. Jaroše 37a, Tel. +420 773 500 640, www.kocicipelisek.cz, Mo–Fr 10–21, Sa und So 13–19 Uhr) bestens etabliert. Die Schülerinnen und Schüler genießen die Gesellschaft der Samtpfötchen offenbar genauso wie die kraftspendenden Süßspeisen und heißen Tees.

Wir setzen unsere Tour fort und machen kurz vor dem Eckhaus auf Nummer 45 halt. Hier hat das 1919 von Leoš Janáček gegründete **Konservatorium** (Konzervatoř Brno, třída Kpt. Jaroše 45, Tel. +420 545 215 674, www.konzervatorbrno.eu) seinen Sitz – meist dringt etwas von den Gesangsstunden oder Klavierimprovisationen nach draußen.

Etappe 5: Rundgang durch den Lužánky-Park

Der Augarten (Lužánky), der nun vor uns liegt, gilt als einer der schönsten Parks von Brünn, mit Tennisplätzen, Pétanque-Bahn, Slap Line und Wegen für Rollschuhfahrerinnen. Ein beliebter Ort für Picknicks! Joseph II. schenkte den Garten den Bürgern von Brünn. Im 19. Jahrhundert wurde das Areal dann aufgeforstet, an die 150 Arten exotischer Pflanzen und sämtliche in Mähren vorkommende Baumarten wurden gepflanzt. Sehenswert ist das 10 **Augartencasino** (Lidická 50, www.luzanky.cz), ein 1855 von Ludwig Förster errichteter Pavillon im Neorenaissancestil. Er diente früher als Ausflugslokal und wird heute als multifunktionales Freizeitzentrum genutzt.

Zum Kräftesammeln für den weiteren Verlauf der Strecke kommt das **Park Lane Cafe** (Lužánecká 4a, Tel. +420 725 022 033, www.parklanecafe.cz, Mo–Fr 7.30–22, Sa 8–20, So 9–18 Uhr) gerade recht. Zur Auswahl stehen hausgemachte Limonaden, Kaffeevariationen, üppige Torten, frische Salate, gefüllte Ciabatta und diverse Quiches.

Bei kaltem Wetter bietet sich das Kellergewölbe der Vinothek **Vinná galerie** (Vinotéka – Vinná galerie, Lužánecká 16, Tel. +420 545 210 133, www.vinnagalerie.cz, Mo–Fr 10–21, Sa 15–21 Uhr) mit

Das Augartencasino von Ludwig Förster

seiner großen Auswahl an mährischen Weinen und kleinen Snacks als Alternative an.

Beim Verlassen des Lokals gehen wir rechts bis zur Drobného, der ehemaligen Parkstraße.

Etappe 6: Von der Villa Löw-Beer zur Villa Tugendhat

An dieser noblen Adresse siedelten sich um 1900 viele der wohlhabenden Brünner Familien an, darunter auch die Löw-Beers, die in Mähren mehrere Textilfabriken besaßen. Ihre 11 **Villa Löw-Beer** (Drobného 22, Tel. +420 537 026 210, +420 607 089 968, www.vilalowbeer.cz, Di–So 10–18 Uhr) dient heute als Museum. Von der Inneneinrichtung ist leider nichts mehr übrig, denn die Räume wurden lange Jahre als Studentenwohnheim genutzt. Die neue Ausstellung, die ab Mai 2023 zu sehen sein wird, skizziert die Rolle der jüdischen Bevölkerung Brünns für die Entwicklung der Stadt und dokumentiert ihre herausragende Stellung in Wirtschaft, Politik und Kultur.

Grete Löw-Beer, die in der Villa in der Parkstraße aufwuchs, bekam bei ihrer Heirat mit Fritz Tugendhat den Garten als Mitgift zum Geschenk. Er erstreckt sich hangaufwärts bis zur Schwarzfeldgasse (Černopolní), wo das junge Paar sich 1929 sein eigenes Zuhause errichten ließ. (→ Seite 66). Ein Rundgang empfiehlt sich unbedingt, nicht nur wegen der schönen alten Bäume, sondern auch, weil sich über den Zaun hinweg einige Blicke auf die Villa Tugendhat erhaschen lassen, was die Vorfreude auf einen Besuch weckt und jene vertröstet, die keine Tickets (→ Seite 66) ergattern konnten.

Beim Verlassen der Villa Löw-Beer gehen wir auf der gleichen Straßenseite stadtauswärts und genießen den Blick auf den Lužánky-Park. Rechter Hand bildet ein durch Säulen angedeutetes Tor einen markanten Einschnitt zwischen den Häuserfronten: Dahinter liegt die berühmte 12 **Schodová-Treppe** (Drobného 34). Der Aufgang – dekoriert mit zwei einander sich zuneigenden Figuren – wirkt äußerst theatralisch, die Treppen selbst säumen verwilderte Rasenstücke mit blühendem Löwenzahn. Insgesamt müssen 84 Stufen überwunden werden, bis man oben angelangt ist und von munterem Vogelgezwitscher empfangen wird.

Wir biegen rechts in die Černopolní, die Schwarzfeldgasse, ein und stehen bald schon vor dem Grundstück, das der renommierte Brünner Baumeister Josef Arnold erwarb und wo er 1862 nach eigenem Entwurf eine Villa bauen ließ. Seit 2021 wird sie restauriert und soll künftig der Öffentlichkeit zugänglich gemacht werden (Drobného 26, www.arnoldovavila.cz).

← Die Schodová-Treppe führt hinauf ins Villenviertel

Die Villa Tugendhat, Unesco-Weltkulturerbe

Ein paar hundert Meter weiter erreichen wir das Highlight dieser Tour: die 13 **Villa Tugendhat** (Černopolní 45, Tel. +420 515 511 015, +420 515 511 017, www.tugendhat.eu, Di–So 10–18 Uhr, Besichtigung nur im Rahmen von Führungen und nach Voranmeldung, Tickets am besten zwei Monate im Voraus online kaufen. Für Kurzentschlossene besteht immer noch die Möglichkeit, während der Öffnungszeiten kostenlos durch den Garten zu spazieren oder bei einem geführten Rundgang die Villa von außen zu besichtigen und dabei alles Wissenswerte über das Haus und seine Bewohner zu erfahren).

In nur zwei Jahren Bauzeit – von 1928 bis 1930 – verwirklichte Mies van der Rohe in Brünn das neben dem Pavillon auf der Weltausstellung in Barcelona wichtigste Werk seiner europäischen Schaffensperiode.

Seit 2001 gehört die Villa Tugendhat zum Unesco-Weltkulturerbe. 2012 umfassend restauriert, avancierte sie zum neuen Wahrzeichen von Brünn.

Fritz und Grete Tugendhat bezogen ihr neues Domizil im November 1930, konnten es aber nur acht Jahre bewohnen. Ihre Flucht vor den Nazis führte sie 1938 zunächst nach Sankt Gallen, später dann nach Caracas, Venezuela.

„Die besten Fotos können davon keinen Eindruck vermitteln. Man muss sich in diesem Haus bewegen, sein Rhythmus ist wie Musik“, so beschrieb Grete Tugendhat ihr Zuhause, als sie nach Kriegsende für einen Vortrag zum ersten Mal wieder nach Brünn kam.

Der Aufenthalt in diesen Räumen hat etwas Meditatives. Man würde ihn gerne ausdehnen. Doch so schnell kann man gar nicht schauen, ist der Rundgang auch schon wieder beendet. Was bleibt, ist der Wunsch wiederzukommen. Das tut man am besten, wenn die Sonne tiefer steht und das durch die berühmte Onyxwand schimmernde Licht den Stein orange und rosarot verfärbt.

Etappe 7: Von der Uni für Bodenkultur zum Café ERA

Die Villa Tugendhat hat Brünn berühmt gemacht. Vor ihr war es Gregor Mendel (1822–1884, → Seite 111), der ihren Namen in die Welt hinausgetragen hat – allerdings ohne die Stadt jemals verlassen zu haben. Die nach ihm benannte Hochschule ist die nächste Etappe unserer Tour.

Wir gehen die Černopolní zurück und biegen in die zweite Gasse rechts, die Zemědělská (dt. „Landwirtschaftsstraße“), ein, die im ersten Drittel von der 14 **Universität für Bodenkultur** (Mendelova univerzita, Zemědělská 1, Tel. +420 545 131 111, www.mendelu.cz) eingenommen wird. Bevor man das Hauptgebäude erreicht – einen klassischen K.-u.-k.-Verwaltungsbau aus dem Jahre 1919 –, kommt man zum 15 **Pavillon Q** (Zemědělská 1, erster Eingang auf den Campus), wo man beim Buffet der Aula kurz seine Mails checken und das Kommen und Gehen der Studierenden beobachten kann.

Im Anschluss steht ein Rundgang durch den 16 **Botanischen Garten** (Botanická zahrada a arboretum) auf dem Programm. Wir folgen der Beschriftung „arboretum" und werden zu einer Fußgängerbrücke (Lávka pro pěší) geleitet, die mit ihrer Stahlüberdachung wie ein freischwebender, oberirdischer Tunnel wirkt. Das futuristische Bauwerk aus dem Jahre 2000 verbindet die Mendel-Universität mit dem „arboretum", einer parkähnlichen Anlage mit zahlreichen exotischen Pflanzen, unter anderem mehr als tausend Taxone, Kreuzungen von Orchideen aus dem Amazonasgebiet. Von hier aus bietet sich ein schöner Blick auf die Natur, die Glashäuser, die Brunnen und Steinformationen.

Der Weg zurück führt über den Unicampus zum Ausgang. Hier biegt man links in die Zemědělská ein und erreicht nach der Überquerung der Lesnická das **Café ERA** (Kavárna ERA, Zemědělská 30, Tel. +420 607 060 607, www.era-cafe.eu, Mo–Sa 11–24 Uhr), das unter den funktionalistischen Bauten Brünns so etwas wie Kultstatus hat und obendrein noch mit einer leichten, unkomplizierten Küche aufwartet. Den Innenraum dominiert eine dynamisch geformte Wendeltreppe. Sie macht jede Art von Dekor überflüssig und schafft in Kombination mit dem Blau der Wände und dem Rot des Fußbodens die Aura eines abstrakten Kunstwerks. Das heute denkmalgeschützte Objekt stammt aus dem Jahr 1927 und wurde nach einer komplizierten Instandsetzung 2011 wiedereröffnet. Es ist ein Werk von Josef Kranz, einem Absolventen der eingangs erwähnten Fakultät für Architektur der Tschechischen technischen Hochschule (→ Seite 56).

Café ERA – Design-Ikone aus 1927

Für die Rückfahrt steigen wir in der Lesnická in die Straßenbahnlinie 9, die uns zurück ins Stadtzentrum bringt.

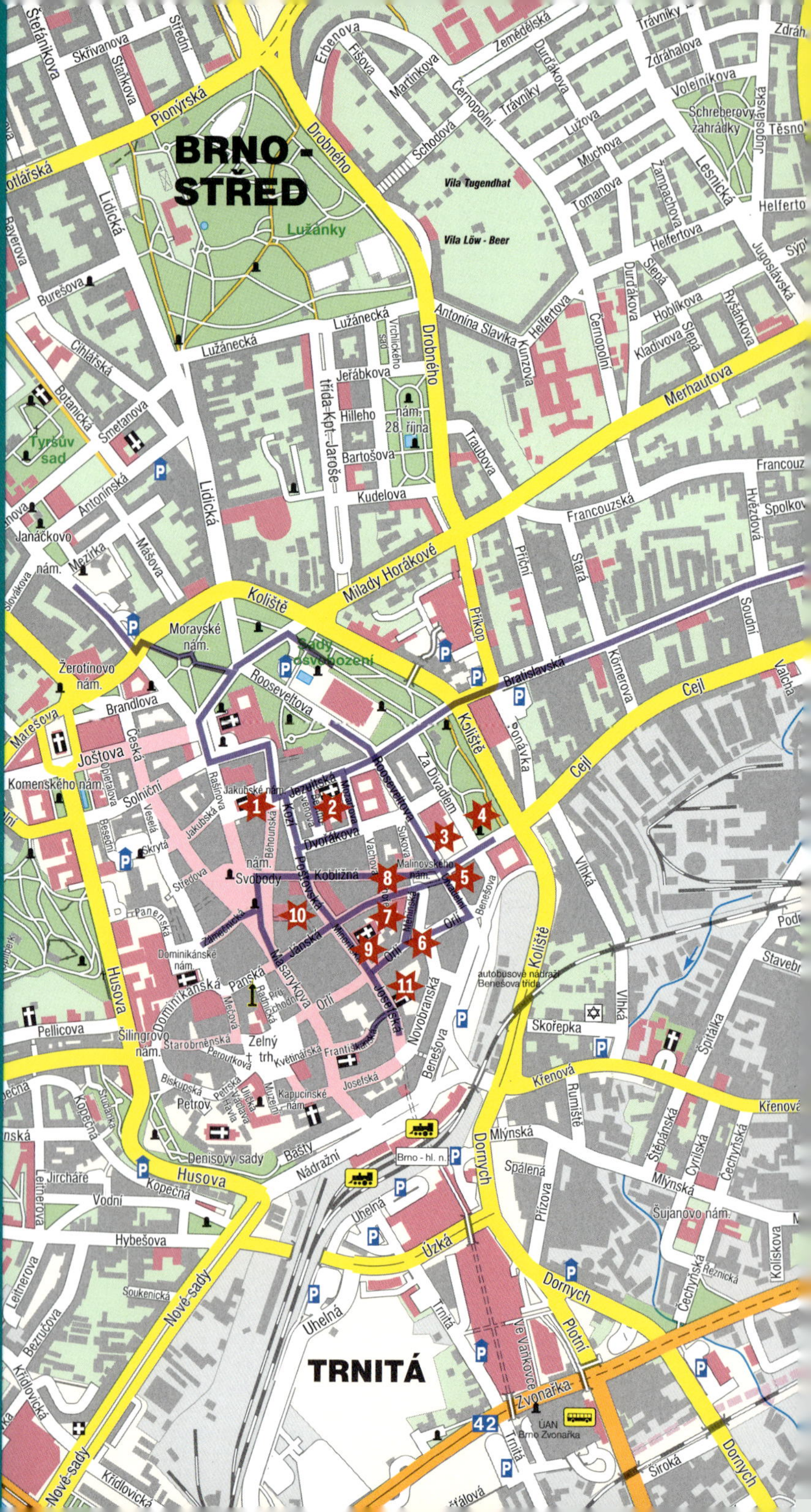
BRNO - STŘED
TRNITÁ
Lužánky
Vila Tugendhat
Vila Löw - Beer
Sady osvobození
Tyršův sad
Schreberovy zahrádky
autobusové nádraží Benešova třída
Brno - hl. n.
ÚAN Brno Zvonařka
Moravské nám.
Žerotínovo nám.
Komenského nám.
Jakubské nám.
nám. Svobody
Malinovského nám.
Dominikánské nám.
Zelný trh
Šilingrovo nám.
Kapucínské nám.
Petrov
Denisovy sady
Janáčkovo nám.
nám. 28. října
Šujanovo nám.
Pionýrská
Drobného
Merhautova
Milady Horákové
Koliště
Bratislavská
Cejl
Rooseveltova
Husova
Nové sady
Dornych
Nádražní
Úzká
Křenová
Masarykova
Kobližná
Česká
Lidická
třída Kpt. Jaroše
42
1
2
3
4
5
6
7
8
9
10
11

Verführerisch wie eh und je: Kokosbusserl und Cremeschnitten

4 Musil und Mohnparfait

AUSGANGSPUNKT Moravské náměstí

ENDPUNKT Františkánská

DIE ROUTE Etappe 1: Moravské náměstí. Abstecher 1: Kounicova. Etappe 2: Moravské náměstí. Etappe 3: Jakubské náměstí (1 St.-Jakobs-Kirche) – Jezuitská (2 Jesuitenkirche) – Beethovenova – Mozartova – Dvořákova – Kozí / Kobližná – Rooseveltova. Abstecher 2: Bratislavská. Etappe 4: Rooseveltova – Malinovského náměstí (3 Mahen-Theater, 4 Haus der Kunst der Stadt Brünn) – Divadelní – Benešová (5 Palais Morava). Etappe 5: Orlí – Měnínská (6 Meniner Tor) – Jánská (7 ehem. k. u. k. Staatsgymnasium mit deutscher Unterrichtssprache, 8 Kaufhaus Centrum) – Minoritská (9 St.-Johannes- Kirche) – Poštovská (10 Alfa-Passage) – náměstí Svobody – Veselá – náměstí Svobody. Etappe 6: Masarykova – Jánská – Minoritská – Josefská (11 Kirche des hl. Josef) – Františkánská

Etappe 1: Der Mährische Platz

Wer Kaffeehaus sagt, denkt ans Lesen, ans Reden und Diskutieren, und wer Literatur sagt, denkt unwillkürlich ans Kaffeehaus. Das ist in Brünn nicht anders als in Wien. Dass hier Verlage sich etablieren konnten, literarische Revuen erscheinen, Autorenlesungen stattfinden, passt scheinbar gut zusammen mit dem Coffee-Boom, den die Stadt erlebt.

Rund 61 Lokale sind in Brünn heute auf das Zubereiten von Kaffee und das Zelebrieren der Kaffeehauskultur spezialisiert.

Brünner Baristas sammeln Auszeichnungen bei internationalen Meisterschaften und ihr Konzept überzeugt auch die anspruchsvollsten Kundinnen – ob es sich nun um einen Espresso am Food-Truck handelt, einen Cold Drip im Coffeshop oder einen Cortado im Roboter-Café des Kunstgewerbemuseums.

Die Tour, die wir hier vorschlagen, führt nicht nur zu Szene-Locations, sondern auch zu Retro-Cafés, also solchen, die wider dem Zeitgeist dazu einladen, sich kurz zurückzulehnen, um zu lesen oder einfach nichts zu tun. Die Strecke schließt an „Stadtbummel klassisch" an und deckt den nordöstlichen Teil der Innenstadt mit ihren barocken Kirchen, den Theatern, Museen und Kaffeehäusern ab.

Wir starten vom Moravské náměstí (Mährischen Platz) aus, wo an der Ecke zur Joštova einst das Café Bellevue stand. Hier kreuzten sich die Wege aller – der Dichter, der Denker, der Komponisten, der Romanciers und Architekten. Es gab einen Leseraum, ein Billard- und ein Schachzimmer und einen eigenen Bereich für die Damen. Heute wird man vergeblich danach suchen, das Eckgebäude gehört mittlerweile einer Bank. Doch Milan Kundera, der wohl berühmteste tschechische Autor der Gegenwart und Kind dieser Stadt, hat dem Bellevue in seinem „Buch der lächerlichen Liebe" ein literarisches Denkmal gesetzt.

Nicht weit von hier, an der Adresse Koliště 1 auf der gegenüberliegenden Seite des Platzes, kam Erich Wolfgang Korngold (1897–1957) zur Welt. Eine 2002 angebrachte Gedenktafel erinnert an den Hochbegabten, der als Sohn eines Musikkritikers in Brünn aufwuchs, schon als Kind komponierte und 1938 die Stadt verließ. In Hollywood startete er eine Traumkarriere als Filmkomponist bei Warner Brothers. Für die Filmmusik zu „Anthony Adverse" und „The Adventure of Robin Hood" wurde er mit zwei Oscars ausgezeichnet. Im Janáček-Museum (→ Seite 56) sind Teile seines Nachlasses zu sehen.

Wir spazieren nun durch den zum Mährischen Platz gehörenden Park. Da, wo jetzt ein Springbrunnen plätschert, stand das so genannte Deutsche Haus. Im Krieg stark beschädigt, wurde es danach nicht mehr aufgebaut. Es war Schauplatz diverser kultu-

Das Janaček-Musiktheater, frisch restauriert

reller Aktivitäten: Richard Strauss dirigierte am 2. April 1911 ein Konzert der Brünner Philharmoniker hier, am 19. Oktober 1903 war Arthur Schnitzler anlässlich einer Lesung hier zu Gast. Als Kuriosität gilt der 1899 von Adolf Loos gehaltene Vortrag über die aktuelle Herrenmode. Sein Geburtshaus stand auf Nummer 6 der Kounicova, wohin uns nun unser Spaziergang führt.

Abstecher 1: Vom Mährischen Platz in die Kounicova

Mit der **Zuckerbäckerei Kolbaba** (Cukrárna Kolbaba, Kounicova 21, Tel. +420 735 179 359, www.cukrarnakolbaba.cz, Mo–Fr 9–18, Sa 9–17, So 10–16 Uhr) verbindet sich eine Geschichte, die 1938 ihren Anfang nahm und doch ein Happy End fand. Bohumír Kolbaba war ein erfolgreicher Konditor, der in Wien und anderen Städten sein Glück gemacht hatte, sodass er in der Lage war, 1938 den Architekten Jan Víšek (→ Seite 107 f.) mit dem Bau eines Mietshauses in der Kounicova Nummer 11 zu beauftragen. Architektonisch interessant war die Café-Konditorei im Erdgeschoß: Vom Hauptraum mit der Verkaufstheke aus gelangten die Gäste in ein höher gelegenes Zwischengeschoß mit einem Spiegel und einer effektvollen, halbrunden Deckenlampe. Bestandteil der Einrichtung waren auch ein Aquarium und ein kleiner Springbrunnen mit roten Fischen.

Nach der Wende 1992 wurde das Objekt der Familie Kolbaba zurückgegeben. 2011 feierte man nach teilweiser Rekonstruktion des Interieurs die Wiedereröffnung mit einem Sortiment von mehr als dreißig Torten und gut fünfzig verschiedene Desserts. Mitte Februar 2022 erfolgte der Umzug in das nur 100 Meter entfernte kleine Lokal, zu dem nun auch **Chlebíček by Kolbaba** (Mo–Fr 8–17 Uhr), ein Stehbüffet mit fantastisch guten Brötchen, gehört.

Frisch gestärkt schauen wir jetzt im Nachbarhaus bei **Petr Bouda** (Kounicova 15, Tel. +420 549 250 814, www.abantikvariat.cz, Mo 13–18, Di–Fr 10–12 u. 13–18 Uhr) vorbei. Sein Antiquariat übt auf manche eine ähnlich starke Anziehungskraft aus wie die Konditorei Kolbaba. Interessant macht es vor allem die reiche Auswahl an deutscher Literatur des 20. Jahrhunderts, unter anderem Originalausgaben von Leopold von Sacher-Masoch oder Rainer Maria Rilke. Übrigens: Ein Überbleibsel aus der Zeit, als die Bevölkerung von Brünn aus Tschechen, Deutschen und Juden bestand, ist das malerisch-hässliche „hantec" – ein Brünner Slang, den in Prag kaum jemand verstehen würde. In Brünn ist er bis heute lebendig.

Das Antiquariat Petr Bouda

„Koc" etwa bezeichnet ein attraktives weibliches Wesen („a Kotz"/Katze im Wienerischen), und wenn die Hausmeisterin ihrem Mann am Balkon den Wintermantel ausgeklopft hat, sagte man: „Pani hausmeistrova putzevala na gonku vindrock." Štamgasti heißt Stammgast und „Štatlovat" „durch die Stadt schlendern", und genau das tun wir jetzt.

Etappe 2: Vom Mährischen Platz zum Jakobsplatz

Im heute nicht mehr existierenden Café Biber (Moravské náměstí 3) saß einst ein blondes junges Mädchen an der Seite ihres Vaters und hörte den leidenschaftlichen Diskussionen zu. Von Krieg war die Rede und von den anbrechenden schweren Zeiten ... Wenn es ihr zu viel wurde, setzte sie sich ans Klavier.

In ihrem Buch „Drehscheibe Brünn" hat die damals 18-jährige Dora Müller (geb. Schuster) alles festgehalten. Sie berichtet über das Café Biber, wo alle Fäden zusammenliefen, man Nachrichten austauschte und Botschaften hinterließ, und über ihre ältere Schwester Blanka, mit der gemeinsam sie 1939 auf Schleichwegen jüdische Kinder aus Österreich nach Brünn brachte. Von hier aus setzten sie ihre Flucht über den Balkan nach Palästina fort.

Heute erinnert eine Tafel – rechts neben dem Eingang zum **Kino Scala** (Moravské náměstí 3, www.kinoscala.cz) – daran, wer aller hier verkehrte. Aus Wien und München waren zwischen 1933 und 1939 zahlreiche Künstler, Publizisten, Schriftsteller und Politiker geflüchtet. Unter ihnen Otto Bauer, Oskar Maria Graf und Thomas Theodor Heine, der zusammen mit dem Verleger Albert Langen die berühmte Münchner Satirezeitschrift *Simplicissimus* begründete (→ S. 92).

Für die Anbringung der Gedenktafel – sie wurde 1993 enthüllt – zeichnete übrigens Dora Müller persönlich verantwortlich. Sie starb 2009 im Alter von 89 Jahren.

Einer, der sich mutterseelenallein mit 15 Jahren bis nach Brünn durchschlug und sich hier als Fensterputzer und Kofferträger verdingte, war Gerhard Bronner, gefeierter Kabarettist im Wien der Sechzigerjahre. Er studierte einige tschechische Schlager ein, stellte sich auf eine der belebten Straßen Brünns und begann als Straßensänger seine neue Karriere.

Tomáš Garrigue Masaryk, Präsident der Ersten Tschechoslowakischen Republik, praktizierte eine äußerst liberale Politik gegenüber Ausländern. Vielen Flüchtlingen galt der Kosmopolit und Gelehrte damals als Garant der Hoffnung. Thomas Mann und seiner Familie gewährte er nicht nur Asyl, sondern verlieh ihnen 1936 sogar die tschechoslowakische Staatsbürgerschaft. Seinen Spuren folgend begeben wir uns jetzt über den Jakobsplatz in die Jezuitská.

Schöner Sakralbau: die spätgotische St.-Jakobs-Kirche

Etappe 3: Vom Jakobsplatz in die Jezuitská

Die 1 **St.-Jakobs-Kirche** (Kostel sv. Jakuba, Jakubské náměstí 1–2, www.svatyjakub.cz) gilt als einer der schönsten spätgotischen Sakralbauten des Landes. Das Netzrippengewölbe stammt von Anton Pilgram. Im Chor hinter dem von Heinrich von Ferstel gestalteten Hochaltar befindet sich der Sarkophag des Retters von Brünn, des Grafen Jean-Louis Raduit de Souches (→ Seite 21). Bei Redaktionsschluss im Dezember 2022 war die Kirche wegen Renovierungsarbeiten geschlossen. Nach der für Dezember 2023 geplanten Wiedereröffnung soll auch der aus dem Stadtbild Brünns nicht wegzudenkende 92 Meter hohe Turm der Öffentlichkeit zugänglich gemacht werden.

★ UNBEDINGT HINGEHEN

Jakobsplatz → Seite 73
Jesuitenkirche → Seite 74
Museum der Roma-Kultur → Seite 76

Ähnlich beeindruckend ist die weiter östlich, in der Jezuitská gelegene 2 **Jesuitenkirche** (Jezuitský kostel Nanebevzetí Panny Marie, Jezuitská, www.jesuit.cz, Mo–So 8–18 Uhr). Sie wurde 1589 bis 1602 vom italienischen Baumeister Georg Gialdi errichtet und später, 1735, von Mauritz Grimm umgebaut.

Vis-à-vis befand sich das Gebäude des Tschechischen Rundfunks (Jezuitská 7, heute Soul Bistro, → Seite 120) mit dem so genannten Typos-Saal. Der Name prangt heute noch über dem Eingang. Hier hielt Thomas Mann „vor 800 Personen mit Mikrophon" im Mai 1936 seinen Vortrag „Freud und die Zukunft".

Das aktuelle Gebäude des tschechischen Rundfunks (Českého rozhlasu Brno) befindet sich in der Beethovenova 4, wo eine Gedenktafel an den Architekten Arnošt Wiesner (→ Seite 89) erinnert. Mit dem Doppelgebäudekomplex zwischen den Straßen Mozartova 3 (heute die Bezirksstaatsanwaltschaft) und Beethovenova 4 hatte er 1923 einen bahnbrechenden Entwurf hingelegt. Vor allem die Dachterrasse erregte Aufsehen.

Am angrenzenden Jugendstilgebäude, der **Theaterfakultät der Janáček-Akademie für Musik und darstellende Kunst** (Divadelní fakulta JAMU, Mozartova 1, www.jamu.cz), fallen die hohen Fenster auf, die offenbar zum Festsaal gehören.

In diesen nach Komponisten benannten Straßen – Mozartova, Dvořákova und Beethovenova – sind Kunst und Medien bis heute beheimatet, das macht wohl ihr besonderes Flair aus.

Kreativ, wie der Name anklingen lässt, ist man im **Eggo** (Dvořákova 12, Di, Do, Fr, Sa 8–14, Mi 8–2, So 9–13 Uhr). Hier werden nicht nur Frühstücks- und Brunchvarianten mit Eierspeisen der ausgefallensten Art serviert, sondern auch hausgemachte Limonaden mit lustigen Namen wie Franta, Spratek oder Nula.

Wir gehen nun die Dvořákova Richtung Westen und gelangen in die Kozí, nach wenigen Schritten

Kaffeehaus-Juwel der 1920er-Jahre, heute ein Restaurant

Richtung Süden stehen wir Ecke Kozí/Kobližná vor dem **Palais Schrattenbach** (Schrattenbachův palác, Kobližná 4), wo Mozart bei seinem Aufenthalt vom 24. Dezember 1767 bis 9. Jänner 1768 nächtigte. Heute befindet sich hier die nach Jiří Mahen (→ Seite 78) benannte Bibliothek und auch das **Café Mahen** (Kobližná 4, Tel. +420 775 123 170, Mo–Fr 8–20, Sa 9–17 Uhr): weißer Fußboden, weiße Wände, weiße Regale, nur die Zeitungshalter vermitteln hier traditionelles Kaffeehausambiente. Dieses moderne CityLab definiert sich als Buchcafé – Bücher können ausgeliehen, gekauft oder als „Gabe" zurückgelassen werden. Die Getränkekarte bietet eine verlockende Auswahl an verschiedenen Kaffeespezialitäten, hausgemachten Limonaden, Desserts, Toasts und Paninis.

Wir gehen wieder zurück in die Jezuitská und schlendern Richtung Osten zum „Ring". In dem parkähnlichen Grünstreifen halten wir kurz inne und betrachten den wuchtigen Bau, der wie ein Kongresszentrum wirkt, das **Janáček-Musiktheater** (Národní divadlo Brno – Janáčkovo divadlo, Rooseveltova 31/7, Tel. +420 542 158 111, www.ndbrno.cz) aus dem Jahr 1964 erstrahlt nach kostspieliger und umfassender Renovierung als Spielstätte von Opern- und Ballettaufführungen wieder in neuem Glanz.

Schräg gegenüber versteckt sich im Grün die ehemalige Zemanova kavárna von Bohuslav Fuchs (→ Seite 90). Im Jahr 1926 eröffnet, musste das Café, Glanzstück der funktionalistischen Architektur, 1964 dem Bau des Opernhauses

★ Leoš Janáček (1854–1928)

wurde als Sohn eines Dorfschullehrers im mährischen Hukvaldy geboren. Er bekam seine Schulausbildung in Brünn und blieb mit der Stadt ein Leben lang verbunden. Im Jahr 1881 gründete er hier eine Orgelschule, die er bis 1919 leitete. Sein kompositorisches Schaffen umfasst Opern, Orchester-, Chor-, Klavier- und Kammermusikwerke. Mit der Oper „Jenufa" (1904) begann sein internationaler Erfolg. Später folgten „Kátja Kabanová" (1921) und „Das schlaue Füchslein" (1924).

In den 1920er-Jahren wurden seine Kompositionen bei Konzerten moderner Musik neben jenen von Strawinsky, Bartók und Hindemith aufgeführt.

weichen und wurde 1994 als Replik unweit des Originals wieder aufgebaut.

Abstecher 2: Von der Rooseveltova in die Bratislavská

Diese Etappe führt zu zwei Orten bzw. Institutionen, die es nur in Brünn gibt: das Puppentheater Radost und das Museum der Roma-Kultur. Sie nimmt ca. eine Viertelstunde Gehzeit in Anspruch und führt Richtung Osten durch die nach der slowakischen Hauptstadt benannte Bratislavská.

Hier sind die Häuser nicht saniert, das Stadtleben ist aber noch intakt: Schüler überholen einen am Gehsteig, Männer in Trainingshosen tragen ihre Plastiksackerln heim, in den Innenhöfen hört man Stimmen von Frauen, die laut nach ihren Kindern rufen.

Beliebter Treffpunkt bei Jung und Alt ist das **Puppentheater Radost** (dt. „Freude", Divadlo Radost, Bratislavská 32, Tel. +420 533 440 020, www.divadlo-radost.cz, Tickets online und an der Tageskasse Mo–Fr 8–12 Uhr). Im Verlauf seines über siebzigjährigen Bestehens studierte Radost an die 200 Stücke ein, von denen eine ganze Reihe Theatergeschichte geschrieben hat. Das Repertoire umfasst Produktionen für Kinder ab einem Jahr, richtet sich aber genauso an Jugendliche und Erwachsene. Seit 2011 ist ein Raum als „Zauberhafte Welt der Phantasie – Puppenmuseum" (Kouzelny svět fantazie – Muzeum loutek) eingerichtet.

Ein paar Häuser weiter hat das **Museum der Roma-Kultur** (Muzeum romské kultury, Bratislavská 67, Tel. +420 545 581 206, +420 778 761 848, www.rommuz.cz, Di–Fr u. So 10–17 Uhr) seinen Sitz. Es wurde 1991 als Non-Profit-Organisation gegründet und wird seit 2005 vom Ministerium für Kultur unterstützt. Seit 2011 gibt es eine mit Sound-, Licht- und Videoeffekten sehr gut aufbereitete Dauerausstellung mit dem Titel „Le Romengero drom" (Die Geschichte der Roma). Sie dokumentiert die Herkunft der Roma, ihr Handwerk, ihre Wohnungsformen, ihre Kleidung, ihren Schmuck, ihre Kunst. Zu Studienzwecken stehen

Das Mahen-Theater von Helmer und Fellner

eine Bibliothek und ein Audioarchiv zur Verfügung mit rund 3000 Büchern, Zeitschriften und CDs. Regelmäßig finden hier Kulturveranstaltungen statt: Lesungen, Konzerte, Diskussionsabende, Romanes-Sprachkurse und Nachmittagsbetreuung für Roma-Kinder aus dem Viertel.

Auf der gleichen Straßenseite weiter stadtauswärts fallen am Gehsteinpflaster „Stolpersteine" auf. Sie erinnern an die während des Zweiten Weltkriegs deportierten jüdischen Familien.

Etappe 4: Von der Rooseveltova zum Malinovského náměstí

Für all jene, die den Museumsbesuch ausgelassen oder für einen späteren Zeitpunkt aufgehoben haben, geht die Tour jetzt am „Ring" weiter.

Der Boulevard, der einst das Deutsche Haus und den Theaterplatz verband, war die bevorzugte Promeniermeile – der Korso – der Brünner Bevölkerung. In der Villa Löw-Beer (→ Seite 63) zeugt ein Archivfilm davon.

Der Platz, den wir bald schon erreichen, der Malinovského náměstí, ist der ehemalige Theaterplatz (nach 1945 wurde er nach dem sowjetischen Oberbefehlshaber Marschall Rodion Malinowski unbenannt), die Brünner sagen kurz „Maliniak" zu ihm.

Nicht zu übersehen ist hier das 3 **Mahen-Theater** (Mahenovo divadlo, Malinovského náměstí 1, Tel. +420 542 158 120, ndbrno.cz), Fixpunkt des Brünner Kulturlebens der Zwischenkriegszeit. In seiner mehr als zweihundertjährigen Geschichte hatte es

„Dumb" – das Künstlerhaus der Stadt Brünn

mehrere Namen. Der aktuelle, vorerst letzte Name erweist dem Schriftsteller, Dramatiker, Publizisten und Bibliothekar Jiří Mahen (1882–1939) seine Reverenz. Die Theateravantgarde verdankt ihm wichtige Anregungen, weshalb er als Vater der tschechischen Literaturmoderne gilt.

★ UNBEDINGT HINGEHEN

St.-Johannes-Kirche → Seite 80
Alfa-Passage → Seite 81
Römischer Platz → Seite 83

Das Gebäude wurde 1882 von den Wiener Architekten Hermann Helmer und Ferdinand Fellner erbaut und war das erste voll elektrisch beleuchtete Schauspielhaus auf dem europäischen Kontinent. Ein Assistent des berühmten Erfinders Thomas Alva Edison reiste 1882 extra aus Amerika an, um die Elektrifizierung des Theaters umzusetzen. Der Chef höchstpersönlich kam Jahre später – nämlich 1911 – samt Familie nach Brünn.

Wieder ein Jahrhundert später errichtete man in Sichtweite des Theaters als „Tribute to Edison" eine Skulptur, die ein Gewirr aus riesigen, lichtreflektierenden Metallbirnen darstellt.

Natürlich ist auch der Name Janáček (→ Seite 76) mit der schmucken „Theaterschatule" (Zitat Robert Musil) am Malinowski-Platz eng verbunden. Die meisten seiner Werke wurden hier uraufgeführt.

Unser nächstes Ziel ist das 1911 als „Kaiser-Franz-Josef-Jubiläums-Künstlerhaus" eröffnete Ausstellungsgebäude. Im Krieg zerstört, wurde es 1946 von Bohuslav Fuchs umgestaltet. Das **4 Haus der Kunst der Stadt Brünn** (Dům umění města Brna, Malinovského náměstí 2, Tel. +420 515 917 572, www.dum-umeni.cz, Di–So 10–18 Uhr), das „dumb", wie es im Brünner Jargon heißt, konzentriert sich auf tschechische und internationale zeitgenössische Kunst, zeigt aber auch Architektur- und Fotoausstellungen.

Gartenseitig liegt der Eingang zum **Kohout NA VÍNĚ** (Malinovského náměstí 2, Tel. +420 777 904 570, www.kohout-na-vine.cz,

Mo–Fr 17–23, Sa 11.30–15 und 17–23, So 11.30–17 Uhr), das in einem recht stylishen Ambiente sein Programm umsetzt, mit „Coq au vin“ als Spezialität und einer 200 Positionen umfassenden Weinkarte.

Wir gehen zurück zum Vorplatz des Theaters und weiter entlang der Divadelní in Richtung Süden bis zur Benešová. Hier stehen wir bald schon vor einem weiteren Repräsentanten des Brünner Funktionalismus: dem 5 **Palais Morava** (paláce Morava, Divadelní 1/Benešová 4) von Arnošt Wiesner (1926–1928 und 1933), einem multifunktionalen, roten Ziegelbau, der bis heute als Verwaltungsgebäude genutzt wird.

Etappe 5: Vom Malinovsky-Platz in die Poštovská

In der zweiten Hälfte des 19. Jahrhunderts wurden auch in Brünn die Basteien geschliffen und es entstanden zwischen 1861 und 1863 nach Plänen des Wiener Architekten Ludwig von Förster und des Stadtbaumeisters Johann Lorenz ausgedehnte Alleen, repräsentative öffentliche Gebäude, Wohnhäuser und Parks. Letztes Überbleibsel der Befestigungsanlagen ist das mittelalterliche 6 **Meniner Tor** (Měnínská brána), das lange Zeit dem Spielzeugmuseum (Muzeum hraček) ein Zuhause bot, zu Redaktionsschluss im Dezember 2022 wegen Renovierung aber geschlossen war.

Wir lassen das Meniner Tor hinter uns und gehen die Orlí, die ehemaligen Adlerstraße, weiter. Auf Nummer 22 betreten wir ein ganz normales Wohnhaus und finden im Hinterhof eine ehemalige Werkstätte, die zum Kaffeehaus umfunktioniert wurde. Die **Kavárna Spolek** (Orlí 22, Tel. +420 608 460 042, www.spolek.net, Mo–Fr 9–22, Sa, So 10–22 Uhr) ist mittlerweile in die Jahre gekommen, aber dient den Stammgästen immer noch als verstecktes Refugium, wo sie Zeitung lesen, Schach spielen oder in der mitgebrachten – bzw. neu erworbenen – Literatur schmökern können.

Der Malinovského náměstí, der ehemalige Theaterplatz

Aus dem Lokal kommend folgen wir der Měnínská entlang einer markanten Gründerzeitfassade. Das neoromanische Gebäude nimmt den gesamten Häuserblock Ecke Měnínská/Jánská ein. Es stammt von Ludwig Förster und wurde 1859 (→ auch Seite 5) als 7 **k. u. k. Staatsgymnasium mit deutscher Unterrichtssprache** (Jánská 22) eröffnet. Eine Tafel erinnert an den Abt Gregor Mendel, der hier 1865 erstmals in der Öffentlichkeit einen Vortrag über seine Entdeckung der Erblehre (→ Seite 111) hielt. Die Schule besuchte ab 1917 auch der Mathematiker Kurt Gödel (→ Seite 25), der übrigens niemals Tschechisch gelernt hat. Er fühlte sich in seiner Geburtsstadt Brünn wie im Exil und verließ sie gleich nach der Reifeprüfung Richtung Wien.

Das Café Placzek, Hotspot in der Minoritská

Nun könnte es wieder Zeit für eine kurze Unterbrechung sein. Im **Coffee Fusion** (Jánská 25, Tel. +420 604 382 032, Mo–Fr 9–19 Uhr) wird das Kaffeekochen zelebriert. Um genau den Geschmack der Gäste zu treffen, kommen zwei verschiedene Kaffeemühlen zum Einsatz. Zur Auswahl stehen neben Filterkaffee, Espresso und French press auch diverse Barista-Specials. Alles hochprofessionell!

Das Haus vis-à-vis wurde 1930 für den Schuhfabrikanten Bata errichtet und sollte ein richtiges Hochhaus werden, ein Wolkenkratzer amerikanischen Stils. Es ging als 8 **Kaufhaus Centrum** (Kobližná 24/Jánská 29) in die Geschichte ein. Die Pläne dafür stammen von Vladimír Karfík und sind im Museum der Stadt Brünn auf dem Spielberg ausgestellt (→ Seite 29).

Wir gehen die Jánská weiter, biegen in die Minoritská ein und werfen in der 9 **St.-Johannes-Kirche** (Kostel svatých Janů, Minoritská 2, brno.minorite.cz, Messen: Mo–Fr 10 u. 15.30, Di auch 18, Sa 8, So 7.30, 9, 10.30, 15.30 Uhr) einen Blick auf das barocke Deckenfresko von Johann Etgens (1732) und die Statuen in der Loreto-Kapelle (Loretánská kaple, Mo–Fr 9–17, Sa 8–12, So 7–12 und 13–17 Uhr).

Die Alfa-Passage mit der Konditorei Martinák

Danach folgt ein Besuch im **Café Placzek** (Minoritská 4, Tel. +420 602 205 555, www.cafeplaczek.cz, Mo–So 7.30–20 Uhr), wo alle Mehlspeisen und Desserts hausgemacht sind, und zwar nach Rezepten der Großmütter und Urgroßmütter. Der Kaffee wird vor Ort geröstet, die Hausmischung besteht zu achtzig Prozent aus Arabica und zu zwanzig Prozent aus Robusta. Wer Kuhmilch nicht verträgt, erhält Sojamilch. Zum Süßen stehen normaler Zucker, Rohrzucker in Bioqualität, Honig oder Stevia zur Auswahl. Bei den Placzeks sind nicht nur Kaffee-Enthusiasten gut aufgehoben, auch Freunde von Slow Food kommen auf ihre Rechnung. Seit 2014 führen die beiden auch ein B&B (www.penzionplaczek.cz).

Wir gehen, aus dem Lokal kommend, zurück bis zur Kreuzung mit der Jánská, wo wir die nach dem zentralen Postgebäude „Poštovská" genannte Straße, die Verlängerung der Minoritská, weitergehen.

Interessant ist hier vor allem die 10 **Alfa-Passage** (Poštovská 4–8/11–13, www.alfapassage.cz) von Bohuslav Fuchs aus den 1930er-Jahren. Schon die Fassade mit den in Stahlrahmen montierten Opaxit-Verkleidungen weist den Bau als etwas Besonderes aus.

Neben dem Lokal führen Stiegen zu einer sympathischen Souterrain-Location, die auch während des Jazzfests Brno (www.jazzfestbrno.cz) jedes Jahr im Frühjahr bespielt wird. Ursprünglich war das **HaDivadlo** (Postovská 8D, Tel. +420 530 330 869, www.hadivadlo.cz) ein Kino, in den 1960ern und 1970ern dann ein Theater, das sich sehr bald zum Refugium unangepasster Kunst und raffiniert getarnter Kritik am

Retro-Charme und Frühstück bis spät in den Tag hinein im Kafe v rozkladu

totalitären Regime entwickelte. Aus dem Wunsch heraus, die jüdische Tradition in Brünn wiederzubeleben, wurde hier 1997 die Gruppe HaChucpa gegründet. Ha Chucpa präsentiert hebräische und jiddische Lieder bzw. Texte mit Musikbegleitung (www.hachucpa.jazzparty.cz, www.hachucpa.cz/koncerty).

Auch das Multi-Genre-Festival „Meeting Brno" jedes Jahr im Frühsommer verfolgt das Ziel, den tschechisch-deutsch-jüdischen Kulturbackground durch Installationen, Filmvorführungen, Theaterperformances, Lesungen, Diskussionen und kommentierte Spaziergänge wieder aufleben zu lassen bzw. neu zu beleuchten (www.meetingbrno.cz).

Ein Stück weiter im Inneren der Passage eröffnete die traditionelle Konditorei **Martinák** (Cukrářství Martinák, Poštovská 4, Tel. +420 724 187 015, www.cukrarstvimartinak.cz, Mo–Fr 8–18, Sa, So 11–18 Uhr) eine kleine Dependance, vor der sich nicht selten Schlangen bilden. Das Sortiment ist ja auch zu verlockend, man kann nur schwer widerstehen!

Die Passage hat mehrere Ausgänge, wir wählen jenen, der zum náměstí Svobody führt.

Wer davon träumt, um vier Uhr nachmittags ein tolles Frühstück zu genießen, sollte jetzt einen Sprung bei Tom und Denise vorbeischauen. Ihren neu eröffneten Stützpunkt erreichen wir, indem wir den Platz überqueren und die Zámečnická hinaufgehen. Der Name **Kafe v rozkladu** (dt. „Verfallenes Café", Veselá 6, Tel. +420 604 320 927, Mo–Fr 8–22, Sa 9–22,

So 9–20 Uhr) spielt auf die nostalgische Einrichtung im Oma-Stil an.

Zurück am náměstí Svobody betreten wir nun die **Buchhandlung Academia**, die im ersten Stock nicht nur mit einem breiten Sortiment an fremdsprachiger Literatur aufwartet, sondern mit der Literární kavárna (náměstí Svobody 13, Tel. +420 221 403 879, www.academia.cz, Mo–Sa 9–19 Uhr) ein wahres Refugium bietet, wo die Zeit stillzustehen scheint.

Etappe 6: Von der Poštovská in die Františkánská

Aus dem Buchgeschäft kommend gehen wir die Masarykova ein Stück vor, biegen links in die Jánská ein, dann rechts in die Minoritská, die schließlich in die Josefská übergeht. So gelangen wir in jenen Stadtteil, der bis 1454 jüdisch war. Die alte Synagoge gibt es nicht mehr, doch es gibt eine aus den Dreißigerjahren, erbaut im Stil des Funktionalismus von Otto Eisler (→ Seite 92).

Wir gehen weiter durch die Josefská. Die Auslagen der Geschäfte sind mit Waren vollgestopft. Fast könnte man die 11 **Kirche des hl. Josef** (Kostel sv. Josefa, Josefská 6, Messen: Mi u. Fr 18.30, So 8, 10, 12.30 Uhr) übersehen. Doch es lohnt sich, stehen zu bleiben und kurz hineinzuschauen. Sie gilt als die schönste Barockkirche der Stadt, den Hochaltar stattete der Wiener Bildhauer Johann Georg Schauberger aus.

Auch die **Café-Konditorei Zeman** (Zemanova kavárna a cukrárna, Josefská 4, Tel. +420 542 212 516, +420 542 212 308, Mo–Fr 8.30–18.30, Sa 10–18.30, So 14–18.30) sollte man nur ehrfurchtsvoll betreten. Denn sie darf sich rühmen, von allen Kaffeehäusern der Stadt am längsten in Betrieb zu sein. Nämlich seit 1936, als Josef Sedláček sich hier niederließ und mit Marzipankartoffeln („Bramburka“), Florentinern und Punschkrapferln sein Glück versuchte.

Ein Beispiel für Kaffeehauskultur im neuen Kleid – multifunktional und casual – begegnet uns an der Ecke Josefská/Františkánská: Die **V melounovém cukru** (dt. „Zuckermelone“, Františkánská 17, Tel. +420 774 422 478, Mo–So 9–20) ist einer der Neuzugänge der Brünner Kaffeehausszene, stadtbekannt für Preiselbeerlimonade, Mohnparfait und Topfentorte.

Was nur Eingeweihte wissen: Die Františkánská führt zum **Römischen Platz**, einen von Mythen umwobenen Ort, den jeder in Brünn kennt, ohne sagen zu können, wie man genau hinkommt. Stadtpläne bezeichnen ihn nicht, dafür findet sich der Římské náměstí aber in der Literatur.

Hat man dann die Tür zur Teestube **Dobrá Čajovna** (dt. „gute Teestube“, Františkánská 6, Tel. +420 739 459 064, www.dcbrno.eu, tägl. 11–23, Mo–So 14–22 Uhr) aufgestoßen, eröffnet sich eine völlig andere Welt: der perfekt inszenierte Orient. Zurückgelehnt in einen der weichen Pölster lassen wir hier unsere Tour ausklingen.

ŽABOVŘESKY
STRÁNICE
Masarykova čtvrť
PISÁRKY
Pod lesem
Wilsonův les
Wilsonův les
Hvězdárna a planetárium M. Koperníka
Kraví hora
nám. Míru
nám. Svornosti
Burianovo nám.
Rosického nám.
Vaňkovo nám.
Pisárecký most
E461
42
339
Žabovřeská
Horova
Minská
Zborovská
Korejská
Šeránkova
Sirotkova
Kameníčkova
Tolstého
Zeleného
Jana Nečase
Eliščy Machové
Barvičova
Kraví hora
Údolní
Preslova
Neumannova
Kamenomlýnská
Květná
Hlinky
Vinařská
Lipová
Hroznová
Marie Steyskalové
Krondlova
Březinova
Heinrichova
Lerchova
Klácelova
Havlíčkova
Wurmova
Foustkova
Dostálova
Rudišova
Wolkrova
Wanklova
Soukopova
Bílého
Františky Stránecké
Kampelíkova
Roubalova
Mahenova
Helceletova
Pavlíkova
Tvrdého
Rezkova
Kaplanova
Bohuslava Martinů
Kalvodova
Ludvíka Podéště
Marie Pujmanové
Bráfova
Drnovická
Petřvaldská
Nohavicova
Pernštejnská
Šmejkalova
Dunajevského
Fanderlíkova
Slezská
Čajkovského
Puškinova
Doležalova
Kubánská
Jindřichova
Klímova
Bezejmenná
Chládkova
Spojovací
Tábor
Mučednická
Žižkova
Matzenauerova
Zábranského
Náhorní
Hvězdárenská
Lužická
Tůmova
Mezníkova
Králova
Jelínkova
Eliášova
Nárožní
Gogolova
Šmídkova
Tichého
Eleonory Voračické
Kallabova
Kovařovicova
Mozolky
Blatného
Luční
Haasova
Stránského
Junácká
Sochorova
Postranní
Maničky
Kozákova
Sabinova
Rybkova
1
2
3
4
5
6
7
8
9
10
11
12
13
14
15
16
17
18
19
20
21

Villa Petrak, Spätwerk des Funktionalismus

5 Die Villen der Weißen Moderne

AUSGANGSPUNKT Villa Reissig

ENDPUNKT náměstí Míru

DIE ROUTE Etappe 1: Hlinky (1 Villa Reissig, 2 Villa Hecht). Etappe 2: Hroznová (3 Villa Stiassni, 4 Villa Münz). Etappe 3: Hroznová (5 Villa Tesar) – Kalvodova (6 Villa Hermina Weiglová, 7 Villa Ernst Löw-Beer) – Marie Pujmanové (8 Villa Petrak) – Kalvodova – Hroznová – Neumannova (9 Haus Eisler). Etappe 4: Vinaršká (10 Villa Neumark) – Lipová (11 Wirtschaftsuniversität, 12 Villa Haas, 13 Vesna – Fachschule für Frauenberufe). Etappe 5: Lipová (14 Haus Začek, 15 Denkmal für Bohuslav Fuchs) – Hlávkova – Barvičova (16 Villa Stein). Etappe 6: Barvičova (17 Haus Polášek) – Wolkrova – Sedlákova (18 Haus Kroha). Rundgang: Vom Wilson-Wald zur Villa Jurkovič: Wolkrova – Barvičova – Wilson-Wald/Wilsonův les – Šmejkalova – Jana Nečase (19 Villa Jurkovič). Etappe 7: Sedlákova – Rudišova – náměstí Míru (20 St.-Augustin-Kirche) – Údolní – Kraví hora (21 Schwimmbad Kraví hora) – Kraví hora – Udolní – náměstí Míru

Ausgangspunkt der Tour ist „das erste moderne Haus Österreichs“, so wurde 1901 die Villa bezeichnet, die sich Dr. Karl Reissig, ein angesehener Brünner Anwalt und Mitglied des Stadtrates, bauen ließ. (Zu erreichen vom Mendelplatz mit der Straßenbahnlinie 1 Richtung Bystrc. Die Haltestelle heißt Pisárky, wie das Tal auf der linken Seite; die Straße selbst trägt den Namen Hlinky, zu Deutsch Lehmstätte.)

Die Route schlängelt sich mitten durch eine reizvolle Gartenlandschaft und gleicht einem Rundgang durch ein Open-Air-Architekturmuseum. Sie führt an den wichtigsten Villenbauten der 1920er- und 1930er-Jahre vorbei, ohne den Anspruch zu erheben, vollständig zu sein. Für mehr Information siehe www.bam.brno.cz. Das „Brünner Architektur Manual enthält – auch in deutscher Sprache – Texte zu rund 400 Objekten, die auf dem Gehsteig jeweils mit einer Codenummer gekennzeichnet und in der Datenbank abrufbar sind.

★ UNBEDINGT HINGEHEN

Villa Reissig → Seite 87
Villa Stiassni → Seite 88
Vesna – Fachschule für Frauenberufe → Seite 94

Großteils nach der Gründung der Tschechoslowakischen Republik entstanden, dokumentieren diese extravaganten Privathäuser eine Periode, die mit Fortschritt und Demokratie gleichgesetzt wird. Die Jahre zwischen 1918 und 1938 gehören zu den glücklichsten in der Geschichte der Stadt. Geld war vorhanden, die Wirtschaftskrise weniger dramatisch als anderswo und es herrschte Aufbruchsstimmung.

Für die Generation tschechischer Architekten, die damals die Bühne betraten, war der funktionale Stil eine Art definitive Absage an die Monarchie und ihre neobarocken oder neogotischen Prunkbauten.

Im Zentrum der Planung stand der moderne, demokratisch gesinnte Mensch, dessen vitale Bedürfnisse Luft und Licht waren.

Formal charakterisieren einige markante Merkmale den funktionalistischen Stil: Verzicht auf Ornamente, gediegene Ausführung der Details, Fensterbänder, gerundete Kanten, U-Boot-Fenster, geschwungene Glasfronten und vor allem das zur Gartenterrasse umfunktionierte Flachdach. Die Protagonisten der neuen Bewegung waren in der Reihenfolge ihres Auftretens: Arnošt Wiesner (der Neuerer), Bohuslav Fuchs (der Pragmatiker), Otto Eisler (der Solide), Josef Polášek (der Joviale), Jiři Kroha (der Strenge).

Die Architekten einte ein gemeinsamer Geist. Sie verkehrten auch privat miteinander, arbeiteten zusammen, wurden von Adolf Loos nach Wien eingeladen, luden ihrerseits Le Corbusier zu Vorträgen an die neu gegründete tschechische TU nach Brünn und

Abstraktion und Geometrie in der Villa Reissig von Leopold Bauer

bauten sich hier, im neu erschlossenen Masaryk-Viertel, ihre Privathäuser.

Etappe 1: Von der Villa Reissig zur Villa Hecht

Wir stehen vor der 1 **Villa Reissig** (Hlinky 148), erbaut von Leopold Bauer, Nachfolger Otto Wagners als Professor an der Akademie der bildenden Künste in Wien und späterer Erbauer der Österreichischen Nationalbank.

Im Frühsommer duftet es hier nach Linden, Flieder und Jasmin. Das süßliche Aroma der Blüten mischt sich mit dem harzigen Duft der Föhren.

Ein weiß getünchtes Geflecht von Holzstäben grenzt das Anwesen nach außen hin ab. Im Inneren sorgten die Wohnhalle im englischen Stil, die explizite Einfachheit und die extrem knapp gehaltenen Dekorelemente – neben Zentralheizung und elektrischer Beleuchtung – für Aufsehen.

Zum Vergleich mag es interessant sein, ein Stück stadteinwärts zu gehen und einen Blick auf die vom gleichen Architekten für den Textilunternehmer Hugo Hecht 1909 errichtete 2 **Villa Hecht** (Hlinky 142b) zu werfen. Die Fassade ist denkmalgeschützt und das Haus beherbergt heute das russische Konsulat.

Auf Nummer 142c bietet sich eine der raren Gelegenheiten, auch die Atmosphäre der Wohnräume auf dieser Route zu erleben. Hier veranstaltet das **Auktionshaus Zezula** (Aukčni dům Zezula, Hlinky 59/142c, Tel. +420 543 215 704, www.papilio.cz) regelmäßig Kunstauktionen.

Die Villa Hecht im englischen Cottagestil

Etappe 2: Von der Villa Stiassni zur Villa Münz

Die Strecke folgt nun der Hlinky stadtauswärts. Am Ende der Straße biegen wir rechts in die Hroznová ab, die hinauf in das Masaryk-Viertel (Masarykova čtvrt') führt. Hier stehen wir bald schon an einer breiten Steinmauer, hinter der sich ein riesiger Park mit altem Baumbestand erstreckt.

Die zwischen 1927 und 1929 erbaute **3 Villa Stiassni** (Hroznová 14, Tel. +420 778 545 993 www.vila-stiassni.cz, Jän. bis April u. Nov. bis 18. Dez.: Mo, Fr, Sa, So 9–17, April bis Juli u. Sept. bis Okt.: Mo, Fr, Sa, So 10–18 Uhr, Juli bis Aug.: tägl. 10–18, 27. bis 31. Dez.: tägl. 10–15 Uhr) ist heute ein Museum.

Mit der Planung hatten die Bauherren – der Textilfabrikant Alfred Stiassni und seine Frau Hermine – den Architekten Arnošt Wiesner, einen der Ersten, die in der jungen, neu gegründeten Tschechoslowakischen Republik ein privates Büro eröffnet hatten, beauftragt. Nach dem Studium an der TU in Wien hatte der 36-Jährige mit dem Palais Morava am Malinowski-Platz (→ Seite 79) den neuen funktionalistischen Stil begründet. Durch den bemerkenswerten Siegerentwurf beim Wettbewerb für das Brünner Krematorium (→ Seite 113) hatte er zwei Jahre zuvor schon von sich reden gemacht. 1939 emigrierte Wiesner nach England, wo er in Oxford und Liverpool als Professor lehrte. Er kehrte nie mehr in seine alte Heimat zurück.

Auch das Ehepaar Stiassni konnte sein Haus nur kurze Zeit genießen, 1939 musste es fluchtartig geräumt werden. Der Nazistatthalter von Brünn nahm die Villa für sich in Beschlag. Nach 1945 wurde sie verstaatlicht. Der Familie Stiassni gelang die Flucht, Alfred und Hermine verstarben Anfang der 1960er-Jahre in Hollywood. Ihre Tochter Susanne heirate und bekam vier Söhne. Dass ihr Haus – so wie übrigens alle entlang dieser Route – immer noch unter ihrem Familiennamen bekannt ist, mag ein schwacher Trost sein: Die Besitzer hat man vertrieben, ihre Namen blieben im kollektiven Bewusstsein der Stadt erhalten.

Vom Leben der Familie zeugen bei einem Rundgang nur mehr die Einbauschränke. Alles, was nicht niet- und nagelfest war, ist verschwunden.

Die Inneneinrichtung, wie sie sich heute präsentiert, wurde anhand von Fotografien zusammengestellt. Ursprünglich hatte sie der Wiener Architekt Franz Wilfert entworfen: Stuck, Kassettendecken, Marmorkamine, antike Möbel entsprachen dem Geschmack der Bauherren und kontrastierten stark mit Wiesners puristischem Exterieur. Der Gesamteindruck des Hauses weicht so vom Funktionalismus eher ab und zeigt mehr klassizistische Tendenzen.

Schön ist es, durch den nahezu 30.000 Quadratmeter großen Garten mit Tennisplatz und Pool zu wandeln. Er ist das Werk von Otto Eisler – einem weiteren hochbegabten Architekten der Brünner Moderne. Seinen Brüdern Artur und Mořic gehörte die Baufirma, die für die Errichtung der Villa Tugendhat verantwortlich war. Er selbst baute für seine Familie ein paar Gassen weiter ein Haus (→ Seite 91). Doch bevor wir uns auf den Weg dorthin machen, kehren wir noch im **Café Ernst** (Hroznová 14, Tel. +420 773 706 970, www.cafeernst.cz, Mo–Fr 9–17 Uhr) ein, das Arnošt Wiesner zu Ehren dessen Namen trägt und die Atmosphäre dieser Zeit wieder aufleben lässt.

Um die Tour fortzusetzen, folgen wir im Anschluss dem Verlauf der Hroznová, wo auf Nummer 19 ein früheres Werk von Arnošt Wiesner zu sehen ist – die zwischen 1924 und 1926 entstandene ehemalige 4 **Villa Münz** (Hroznová 19).

Die Villa Stiassni – lange Zeit Staatsgästen vorbehalten, heute ein Museum

Die Villa Tesar: Kurvenlinien und nautische Elemente

Von der leicht ansteigenden Straße her lässt sich ein Blick durch den Maschendraht des Zaunes auf den weiter unten gelegenen Kubus richten.

„Betonte, kahle, ungegliederte Flächen, lapidar beschränkte Volumen" – so sprechen Architekturkritiker über das Haus. Vor voyeuristischen Blicken von der Straße her abgeschirmt, öffnet sich die Villa mit ihren Terrassen und Fensterfronten zum Garten hin.

Etappe 3: Von der Villa Tesar zum Haus Eisler

Schräg gegenüber, in der gleichen Straße, stehen wir vor der 2011 restaurierten 5 **Villa Tesar** (Hroznová 18) aus dem Jahr 1938. Sie richtet den Fokus auf Bohuslav Fuchs – auch er eine der großen Persönlichkeiten des Brünner Funktionalismus.

Der mit zahlreichen internationalen Auszeichnungen geehrte Architekt hatte an der Akademie der bildenden Künste in Prag studiert. Im Frühjahr 1923 ließ er sich in Brünn nieder und begann seine Karriere als Mitarbeiter der Baubehörde in der Stadtverwaltung. Von 1929 bis 1945 betrieb er sein eigenes Projektbüro mit später berühmten Kollegen. Nach dem Zweiten Weltkrieg übernahm er die Leitung des Instituts für Städtebau an der Technischen Hochschule in Brünn (→ Seite 56).

Werfen wir nun einen Blick auf die eigenwillige Villa, die inmitten eines großen Rasenstücks wie das Heck eines Hochseedampfers wirkt. Von der Frontseite sind zwei übereinanderliegende, zum Teil verglaste, halbrunde Terrassen zu sehen. Die Fensterfront der unteren Terrasse ist schräg angebracht, was den Bewohnern erlaubt, den Garten aus einer anderen Perspektive zu betrachten.

Wir gehen die Hroznová weiter hinauf und treffen an der Ecke Kalvodova wieder auf ein Werk Arnošt Wiesners: die 6 **Villa Hermina Weiglová** (Kalvodova 2). Auf einem über dem Straßenniveau thronenden Grundstück stehen zwei ineinander verkeilte Bungalows, die, so wie sie aussehen, auch gut nach Beverly Hills gepasst hätten. Der parallel zur

Straße angelegte Flachdachbau beherbergt ein tiefer in die Erde versenktes Hallenbad, dessen Dach dem Wohntrakt als Terrasse dient. Das Wohngebäude steht dazu im rechten Winkel und nimmt fast die ganze Breitseite des Grundstücks ein.

Die 1934 fertiggestellte Villa wurde wegen der jüdischen Abstammung ihrer Besitzerin von den Nazis beschlagnahmt. Im Jahre 1946 nationalisiert, wurde das Objekt in den 1950er-Jahren an zwei Privatpersonen verkauft, von deren Erben es die heutigen Eigentümer erstanden haben.

Ein ähnliches Schicksal erfuhr die 1935 fertiggestellte 7 **Villa Ernst Löw-Beer** (Kalvodova 8), die einem Cousin von Grete Tugendhat gehörte. Bauherr und Architekt – der Wiener Rudolf Baumfeld – mussten am Beginn des Zweiten Weltkriegs aufgrund ihrer jüdischen Herkunft in die USA flüchten. Trotz der heutigen Nutzung als Mehrfamilienhaus ist die Gliederung des Innenraums an der Fassade noch gut ablesbar. Esszimmer, Wohnzimmer, Wintergarten und Bibliothek waren lediglich durch Glaswände voneinander getrennt und dem Pisárky-Tal zugewandt. Die Geschichte der Familie wird in der als Museum eingerichteten Villa Löw-Beer in der Drobného (→ Seite 63) dokumentiert.

Nun geht es weiter durch die nach der Schriftstellerin Marie Pujmanové (1893–1958) benannte Straße. Noch im unteren Drittel, auf Nummer 4, steht rechter Hand die ebenfalls schön restaurierte 8 **Villa Petrak** (Marie Pujmanové 4), ein Spätwerk von Bohuslav Fuchs aus dem Jahr 1937, das sehr viel Eleganz und Gelassenheit ausstrahlt. Straßenseitig präsentiert sich der dreistöckige Bau als ein einfacher Quader – strukturiert durch eine Reihe von Fenstern verschiedener Größe. Markant hebt sich an der Ostseite das Stiegenhaus als halbzylindrischer Turm von der übrigen Baumasse ab. Bei genauerem Hinsehen entdeckt man eine Art steinernes Sonnensegel, das einen Teil des Daches überspannt. Darunter befindet sich die Dachterrasse – nach Westen hin offen, nach Osten hin überdacht.

★ UNBEDINGT HINGEHEN

Villa Jurkovič → Seite 97
St.-Augustin-Kirche → Seite 99
Schwimmbad Kravi hora → Seite 99

Die Route führt nun zurück durch die Hroznová und dann weiter durch die Neumannova, die ihre Verlängerung Richtung Osten darstellt. Über die Flachdächer hinweg ergeben sich da und dort hübsche Ausblicke auf das Pisárky-Tal mit dem Messegelände und den sich dahinter ausdehnenden Hügeln.

Nach einiger Zeit erreichen wir die Lipová, die Lindenstraße, überqueren sie und gehen bergab bis zur Adresse Neumannova 10, wo wir kurz Halt machen. Hinter hohen, majestätischen Föhren versteckt, steht ein roter Flachbau – das 9 **Haus Eisler** (Neumannova 10), das Otto Eisler 1930 für sich und seine Brüder erbaute.

Eisler studierte von 1919 bis 1922 an der Deutschen Technischen Hochschule in Brünn, absolvierte Praktika in Wien, später dann auch bei Walter Gropius in Weimar, und arbeitete bis 1939 als Architekt und Gartengestalter in Brünn (→ Seite 89, 96).

Die Eislers waren sportbegeistert und interessierten sich für Botanik und Zoologie. Ihrem Lebensstil entsprechend wurde die Dachterrasse als Fitnessraum genutzt, daneben bot sie Platz für einen Wintergarten und eine Volière. Doch nicht allein dafür war das Haus in der Neumannova 10 bekannt, auch für sein geselliges Leben und seine Gastfreundschaft: In den 1930er-Jahren bezog Thomas Theodor Heine – Mitbegründer der berühmten Münchner Satirezeitschrift *Simplicissimus* und Karikaturist des Blattes – hier Quartier. Er musste wegen seiner politischen Gesinnung und auch wegen seiner ihm zugewiesenen „nichtarischen" Abstammung über Berlin nach Prag fliehen. Von Prag aus gelangte er nach Brünn.

Aus der Zeit, als er hier wohnte und im Kreise der Brünner Funktionalisten verkehrte, stammt eine Karikatur mit dem Titel „Sachlichkeit". Darunter steht: „In konsequentem Kampf gegen das Ornament hat ein moderner Architekt sich und seiner ganzen Familie die Ohren abgeschnitten." Zu sehen ist ein im Stil der 1920er-Jahre gekleidetes, von einer Kinderschar umgebenes Paar. Während der Vater immer noch mit der Gartenschere zu Werke geht, trägt das Dienstmädchen mit entsetztem Gesichtsausdruck die Ohren auf einem Tablett aus dem Zimmer.

Während der deutschen Besatzung war Eisler ein Jahr lang in der Festung Spielberg (→ Seite 25) inhaftiert, wurde dann drei Jahre lang zur Zwangsarbeit nach Norwegen abkommandiert und war von 1943 bis Kriegsende im Konzentrationslager Buchenwald interniert. Nach dem Ende des Krieges nahm er seine frühere Tätigkeit in Brünn wieder auf.

Etappe 4: Von der Villa Neumark zur Frauen-Fachschule Vesna

Am Ende der Neumannova biegen wir rechts in die Vinařská ein. Auf Nummer 38 überstrahlt, zurückversetzt an den hinteren Grundstücksrand, ein zinnoberroter Flachbau das satte Grün der Rasenfläche. An Details wie der elegant gegliederten Fassade, den verglasten Gebäudekanten und der Dachterrasse lässt sich wieder Arnošt Wiesners Handschrift erkennen. Die 10 **Villa Neumark** (Vinařská 38) entstand zwischen 1928 und 1929 und gleicht vom Typus her den Villen Stiassni und Münz. Erbaut für den Textilfabrikanten Walter V. Neumark, dem britischen Honorarkonsul in Brünn, wies sie eine Reihe von Elementen auf, die bis 1980, als

Die Villa Neumark – schlichte, geometrische Formen in Ziegelrot

das Haus verkauft wurde, die Zeit überdauerten – z. B. Speiseaufzug, Zentralheizungskessel, Armaturen, Einbauschränke, Parkettböden, Holzverkleidungen. Heute besteht die Villa aus drei separaten Wohnungen in Privatbesitz.

Die Vinařská, die Winzerstraße, weckt Assoziationen zu Stadtterrassen, ein Spaziergang hier sorgt immer wieder für Abwechslung: In unmittelbarer Nachbarschaft der Villa Neumark lassen die in Blau-Rot-Weiß gehaltenen Wohnbauten aus den 1960er-Jahren wie zufällig die Farben des Funktionalismus aufleuchten. Den Abschluss der Straße bildet ein recht massiver Glasbau, die 11 **Wirtschaftsuniversität** (Ekonomicko-správní fakulta Masarykovy univerzity/Wirtschaftsfakultät der Masaryk-Universität, Lipová 41a, www.econ.muni.cz/), erbaut Ende der 1990er-Jahre.

Der Eingang – bombastisch, ganz im Stil der Postmoderne – befindet sich an der Ecke Vinařská/Lipová und ist kaum zu übersehen. Die paar Stufen hinaufzusteigen lohnt sich. Der Blick aus den Fenstern auf die Straße ermöglicht eine interessante Perspektive auf das Haus vis-à-vis: die 1930 fertiggestellte 12 **Villa Haas** (Lipová 43) von Arnošt Wiesner. Das Haus folgt kaskadenartig dem Verlauf des Hanggrundstücks, hat mehrere Terrassen und auffallende, mit Travertin eingefasste Fensteröffnungen. Auch die Familie Haas musste wegen ihrer jüdischen Herkunft 1939 emigrieren und ihren Besitz zurücklassen. Nach dem Krieg erfolgten die Verstaatlichung und die Auftei-

Die Villa Haas von Arnošt Wiesner, ein typisches Terrassenhaus aus 1930

lung in mehrere Wohnungen, die sich heute in Privatbesitz befinden.

Der Spaziergang führt nun weiter den Hang hinauf durch die Lipová. Gleich links fällt ein markanter Block auf: die 13 **Vesna – Fachschule für Frauenberufe** (Střední zdravotnická škola a Vyšší odborná škola zdravotnická, Lipová 18, www.szsbrno.cz), die Bohuslav Fuchs gemeinsam mit Josef Polášek von 1928 bis 1930 plante und die bis heute als Ausbildungsstätte für medizinische Berufe ihre ursprüngliche Funktion erfüllt. An den blau eingefassten Fenstern lässt sich der Turnsaal erkennen, darüber liegt die Terrasse. Der Gebäudekomplex beherbergte fast alle für die Ausbildung von Mädchen notwendigen Einrichtungen und außerdem noch eine Lehrerfortbildungsanstalt. Im Erdgeschoß befanden sich sechs Schneiderwerkstätten, bestehend jeweils aus Klassenzimmer und Arbeits- bzw. Anproberaum. Beide Einheiten konnten zusammengelegt werden, so dass sie in der Folge eine große Halle bildeten. Statt eines Korridors gab es einen Balkon, der im Sommer genutzt werden konnte.

Daneben, etwas zurückversetzt, schimmert blau hinter einer Reihe von Föhren das **Eliška-Machová-Frauenheim** (Lipová 16), ein nach der Lehrerin Eliška Machová benanntes Wohnheim für Mädchen, das Bohuslav Fuchs zwischen 1929 und 1930 baute und ebenfalls seiner ursprünglichen Bestimmung entsprechend heute noch genützt wird.

Etappe 5: Vom Haus Začek zur Villa Stein

Das 14 **Haus Začek** (Lipová 17), etwas weiter hangaufwärts auf der gegenüberliegenden Straßenseite, hat der Architekt Eduard Začek 1932 bis 1933 für sich und seine Familie erbauen lassen. Es zählt nicht zu den größten oder spektakulärsten in dieser Straße, dokumentiert aber sehr schön die Grundsätze und Formen des neuen Bauens: An der schattigen, der Straße zugewandten Nordseite das Atelier, an der Südseite die Wohnräume mit Terrassen, Balkonen und Wintergarten.

Wie sich an den Namensschildern neben den Klingelknöpfen erkennen lässt, ist es immer noch die Familie Začek, die das Haus bewohnt. Das Nachbargebäude, ein **Zweifamilienhaus** (Lipová 15) mit abgerundetem Treppenturm, stammt von Otto Eisler (1930–1931).

Um die Route fortzusetzen, gehen wir ein Stück zurück. Am Kreuzungspunkt der beiden Straßen Lipová und Neumannova findet sich ein schlichter Stein, eine Art Stele. Das 15 **Denkmal für Bohuslav Fuchs** wurde von einem zeitgenössischen Künstlerkollektiv geschaffen und ihm zu Ehren 1995 anlässlich seines hundertsten Geburtstages hier aufgestellt.

Wir biegen in die Neumannova ein und folgen bei Nummer 19 rechts einer Querverbindung in die Preslova.

In der Verlängerung dieses Schleichwegs folgt die Hlávkova. Wir gehen geradeaus weiter bergauf und biegen links in die Barvičova ein, eine der Hauptachsen des Stadtteils.

Das Eliška-Machová-Wohnheim für Mädchen

Von weitem sichtbar thront am Ende der Hlákova linker Hand die 16 **Villa Stein** (Barvičova 25), ein Frühwerk Arnošt Wiesners aus den Jahren 1925/1926. Das Dach wirkt wie ein Stilbruch, es erinnert an die Palladio-Villen, fast könnte man meinen, es wäre später draufgesetzt worden. Der Garten – ein Werk Otto Eislers – wirkt, als wäre die Zeit stehengeblieben.

Etappe 6: Vom Haus Polášek zum Haus Kroha

Auch wer noch keine Müdigkeit verspürt, sollte jetzt an der Haltestelle Kampelikova (auf Höhe der Barvičova 48) besser in den Trolleybus Nummer 39 steigen und bis zur „Barvičova" genannten Endstation fahren. Die lange Gerade entlangzugehen ist etwas eintönig und vom Bus aus ist alles genauso gut zu sehen. Auf der rechten Straßenseite etwa fällt ein Haus mit markantem Glaserker auf, das 17 **Haus Polášek** (Barvičova 56), das der Architekt Josef Polášek 1933 für sich selbst entwarf. Der Weggefährte von Bohuslav Fuchs war wie dieser am Bauamt von Brünn tätig und plante einiges mit ihm gemeinsam – vorwiegend Schulbauten wie die bereits erwähnte Fachschule für Frauenberufe Vesna (→ Seite 94). Heute ist das ukrainische Konsulat in dem Gebäude untergebracht.

Am Ende der Barvičova, auf der Höhe von Nummer 100 etwa, macht der Bus eine Schleife.

Wir gehen ein Stück zurück, biegen in die erste Gasse links, die Wolkrova, ein und dann wieder links in die Sedlákova. Auf Nummer 45 befindet sich das 18 **Haus Kroha** (villakroha.webnode.page), Jiří Krohas Privathaus, das zwischen 1928 und 1930 entworfen wurde, ein paar Jahre nachdem er als Professor an die Tschechische technische Universität berufen worden war. Eine Tafel weist es als Kulturdenkmal aus. An der gestalterisch reduzierten Straßenfassade ist nicht allzu viel abzulesen, wesentlich spektakulärer ist die Südwestfassade mit dem asymmetrisch angebrachten, abgerundeten Balkon.

Kroha war Architekt, Maler, Bildhauer, Regisseur und Theoretiker. Er kam aus Prag nach Brünn. Sein Haus avancierte rasch zum Treffpunkt der Avantgarde der Zwischenkriegszeit. Auf Fotos sieht man, wie berühmte Männer – darunter der Sprachwissenschaftler Roman Jacobson – sich am Pool vergnügten.

Später wurde Kroha wegen seiner kommunistischen Tätigkeit als Professor suspendiert und 1934 verhaftet. 1939 wurde er von der Gestapo am Spielberg inhaftiert und zuerst nach Dachau und dann nach Buchenwald deportiert. Nach dem Krieg lebte Kroha wieder in Prag. Sein Haus ist bis heute im Besitz der Familie.

Rundgang: Vom Wilson-Wald zur Villa Jurkovič

Jenen, die noch Unternehmungslust verspüren, schlagen wir jetzt einen Rundgang im Grünen vor.

Villa Jurkovič – Folklore statt Funktionalismus

Alle anderen setzen die Tour einfach mit Etappe 7, wie weiter unten beschrieben, fort.

Vom Haus Kroha kommend gehen wird den gleichen Weg zurück durch die Wolkrova zur Barvičova, die stadtauswärts direkt an unser nächstes Ziel angrenzt, das Stadtwäldchen **Wilsonův les**, benannt nach Thomas Woodrow Wilson (1856–1924), den amerikanischen Präsidenten und Friedensnobelpreisträger. Wir halten uns im Wäldchen möglichst weit links und erreichen am Ende des Grünareals die Šmejkalova, die den Wald wie ein Band begrenzt.

Wir gehen die Šmejkalova bis zur Jana Nečase, die das Waldstück im Norden säumt und in die wir rechts einbiegen. Nicht zu übersehen ist auf der linken Seite die 19 **Villa Jurkovič** (Jurkovičova vila, Jana Nečase 2, Tel. +420 532 169 501, www.moravska-galerie.cz/jurkovicova-vila, Jän. bis Feb.: Sa, So 10–12 u. 12.30–18 Uhr, März: Do–So 10–12 u. 12.30–16 Uhr, April bis Okt.: Di–So 10–12 u. 12.30–18 Uhr, Nov.: Di–So 10–12 u. 12.30–18 Uhr, Dez.: Sa, So 10–12 u. 12.30–18 Uhr), ein eklektischer Bau, der mit seinem Giebeldach, dem Fresko und den blau umrahmten Holzfenstern ziemlich aus dem Rahmen fällt und einen Sprung zurück in der Zeit vollführt. Hier wohnte ab 1906 Dušan Jurkovič, ein Architekt, der sich von der traditionellen Volksarchitektur Mährens und der Slowakei inspirieren ließ, sich Anregungen aus der englischen Arts-and-Crafts-Bewegung holte und alles in einem folkloristisch anmutenden Stil miteinander verband.

An der gegenüberliegenden Straßenseite liegt die **Restaurace Rosnička** (Jana Nečase 1, Tel. +420 776 267 772, restaucerosnicka.cz, Di–Sa 11–23, Sa, So 11–22 Uhr). Die holzgetäfelte Wirtsstube hat etwas von einem echten Beisl. Im Sommer sitzt man auf der schattigen Terrasse und blickt auf die Bezirke im Norden von Brünn.

Nach einer kurzen Rast führt die Route zurück durch den Wald. Es geht schnurgerade bergauf, vorbei an einem Tennisplatz, den man rechts liegen lassen muss, um auf der anderen Seite des Waldes die Krondlova zu erreichen, die rechts zum náměstí Míru, den Friedensplatz, führt.

Etappe 7: Vom Haus Kroha zum Kuhberg

Jene, die den Rundgang durch den Wilson-Wald ausgelassen haben, begeben sich vom Haus Kroha durch die Šedlakova und die Rudišova direkt zum náměstí Míru mit der von Vladimír Fischer 1935 geplanten funktionalistischen 20 **St.-Augustin-Kirche** (Kostel svatého Augustina, náměstí Míru 7, augustinbrno.cz, Sonntagsmesse um 7, 9 und 18 Uhr, wochentags siehe Website).

Der an den Friedensplatz angrenzende Kraví hora (Kuhberg) wird im Volksmund „Monte Bú" genannt. Und auch das nahe gelegene Steakhaus trägt diesen Namen – ein Beispiel für den etwas schrägen (schwarzen) Humor, der im Land des braven Soldaten Schwejk gerne praktiziert wird: **Monte Bú** (Údolní 76, Tel. +420 778 545 778, www.monte-bu.cz, Mo–Sa 11–24, So 11–23 Uhr).

Von hier aus sind es nur ein paar Schritte, bis wir zu dem 2002 von einem zeitgenössischen Architektenteam geplanten 21 **Schwimmbad Kraví hora** (Koupaliště Kraví hora, Údolní 76, Tel. +420 543 216 434, www.kravihora.brno.cz, Mo–Fr 6–22, Sa u. So 8–21 Uhr) kommen, das seit Herbst 2022 zu einem Wellnesscenter der Extraklasse ausgebaut wurde.

Im Eingangsbereich ein **Café**, das allein schon wegen des schönen Ausblicks einen Besuch wert ist. Die moderne, sehr einladende Anlage wurde auf dem Grundstück perfekt platziert: Die funktionalistische Kirche und die mittelalterliche Burg Spielberg bilden eine Sichtachse, und aus dem Grün dazwischen ragt auch noch der goldene Zwiebelturm der russisch-orthodoxen St.-Wenzel-Kirche (www.mujweb.cz/pravoslavbrno) hervor. Vom náměstí Míru geht es mit der Straßenbahnlinie 4 zurück in die Innenstadt.

← Die funktionalistische St.-Augustin-Kirche am Friedensplatz

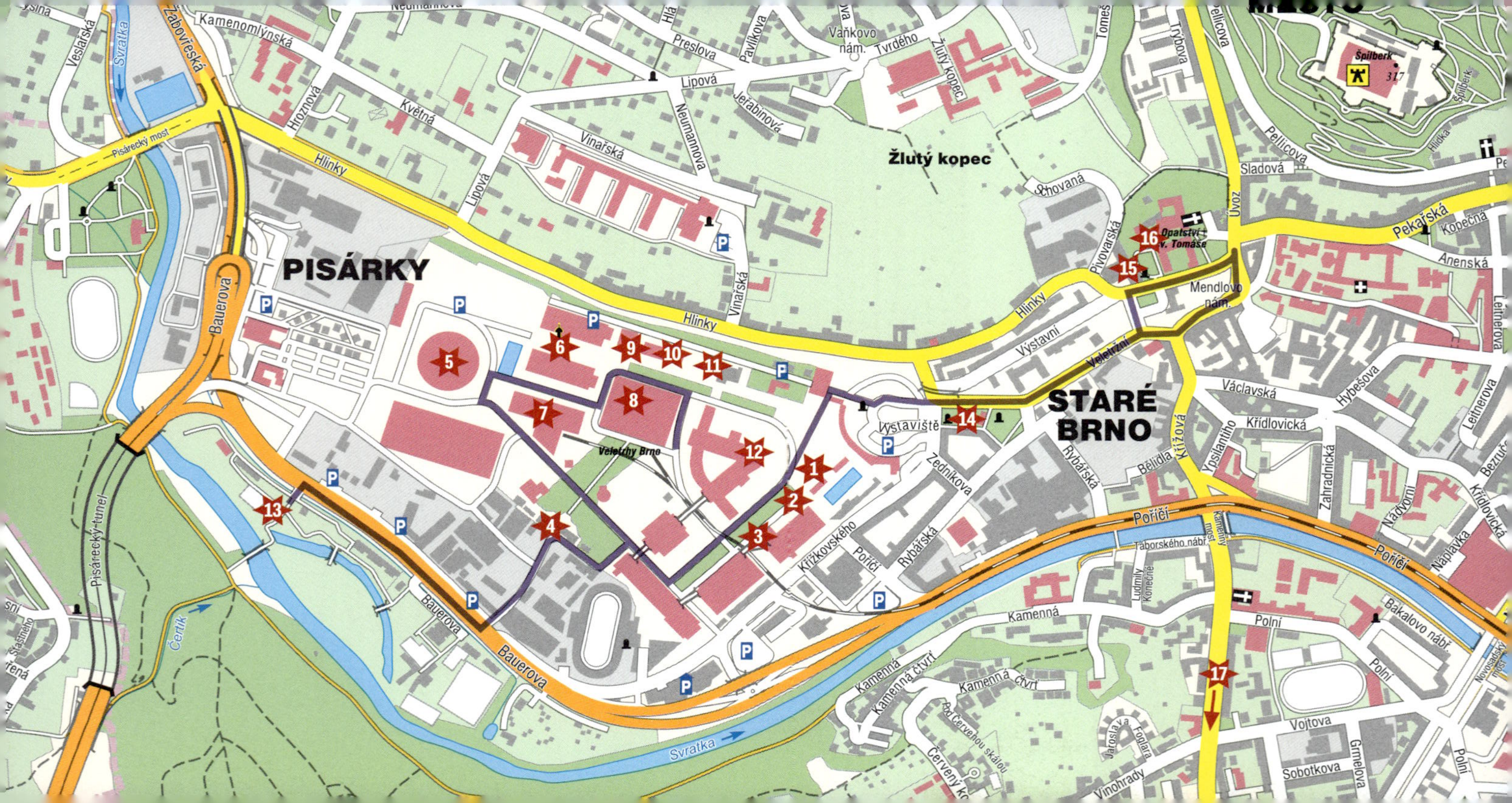

PISÁRKY
STARÉ BRNO
Žlutý kopec
Špilberk
317
Veletrhy Brno
Výstaviště
Mendlovo nám.
Opatství sv. Tomáše
Hlinky
Veletržní
Výstavní
Bauerova
Pisárecký tunel
Pisárecký most
Žabovřeská
Kamenomlýnská
Hroznová
Květná
Lipová
Vinařská
Neumannova
Jeřabinová
Preslova
Pavlíkova
Vaňkovo nám.
Tvrdého
Žlutý kopec
Tomešova
Trýbova
Pellicova
Sladová
Úvoz
Pekařská
Kopečná
Anenská
Leitnerova
Hybešova
Václavská
Křídlovická
Ypsilantiho
Křížová
Bělidla
Rybářská
Zedníkova
Křižkovského
Poříčí
Kamenný most
Táborského nábř.
Ludmily Konečné
Kamenná
Kamenná čtvrť
Pod Červenou skálou
Červený kopec
Jaroslava Foglara
Vinohrady
Vojtova
Sobotkova
Grmelova
Polní
Bakalovo nábř.
Nádvorní
Zahradnická
Náplavka
Bezručova
Novosadská
Pivovarská
Chovaná
Svratka
Čertík
Veslařská
Šťastného

Das Messegelände von 1928, eingebettet in das Pisárky-Tal

6 Vom Messegelände an die Riviera

AUSGANGSPUNKT Messegelände

ENDPUNKT Mendlovo náměstí

DIE ROUTE Etappe 1: Messegelände (1 Pavillon der Stadt Brünn, 2 Pavillon des Landes Mähren, 3 VIDA! Science Centre, 4 Bauer-Schlösschen, 5 Halle Z, 6 Pavillon für Handel und Gewerbe / Halle G1 und G2, 7 Pavillon F, 8 Pavillon V, 9 Kino Theater Café, 10 Pavillon der kunstgewerblichen Schule in Prag, 11 Pavillon der Akademie der bildenden Künste Prag, 12 Palast für Handel und Industrie). Etappe 2: Bauerova (13 Flussbad Riviéra). Etappe 3: Veletržní (14 Mitrovsky'sches Gartenpalais) – Mendlovo náměstí (15 Altbrünner Kloster, 16 Mendel-Museum). Abstecher: 17 Zentralfriedhof (Grab Gregor Mendels, Zeremonienhalle, Grab Leoš Janáčeks, Krematorium) – Mendlovo náměstí

Realer Sozialismus: Das Denkmal „Neue Zeit" vor dem Haupteingang

Zur Eröffnung der „Ausstellung zeitgenössischer Kultur in der Tschechoslowakei" am 26. Mai 1928 im Beisein des Präsidenten Tomáš G. Masaryk kamen 2,7 Millionen Menschen. Auch heute gehört das **Messegelände** (Brněnské výstaviště, Výstaviště 1, Tel. +420 541 151 111, www.bvv.cz, Führungen außerhalb der Messezeiten mit Anmeldung) zu den Highlights eines jeden Brünn-Besuches.

Den Anlass für das Großereignis gab 1928 das zehnjährige Jubiläum der Staatsgründung, verbunden mit dem Wunsch, das hohe Niveau der tschechoslowakischen Industrieproduktion zu dokumentieren. Es herrschte Aufbruchsstimmung. Man glaubte an den Fortschritt und hatte keine Angst vor progressiven Ideen.

So befindet sich heute auf dem weitläufigen Areal eine anderswo kaum in solcher Dichte anzutreffende Ansammlung funktionalistischer Architektur, die in den wilden 1920er-Jahren als adäquates Ausdrucksmittel für die aufstrebende junge Republik inszeniert wurde. An diese Kunstwerke knüpften spätere Generationen von Architekten kontinuierlich an – und eben das macht den Rundgang so interessant. Die einzelnen Pavillons beherbergen Ausstellungen und sind gleichzeitig Schauobjekte, einzigartige Unikate, geschaffen von mehr als dreißig Architekten.

Für die Bebauung des Geländes wurde zwei Jahre vor der Eröffnung ein Wettbewerb ausgeschrieben, den der Prager Architekt Josef Kalous gewann. Im Jahr 2000 wurde das Ausstellungsgelände wegen seiner einzigartigen Architektur mit dem Titel „Bauwerk des Jahrhunderts" ausgezeichnet. Seit 2016 ist die Stadt Brünn Hauptaktionär.

Zu Messezeiten verkehrt ein Shuttlebus auf dem Areal, so kann man sich bequem einen Gesamteindruck verschaffen. Ein Lageplan kann von der Website (www.bvv.cz) downgeloadet werden.

Die Tour startet am Haupteingang (hlavní vstup) in der Hlinky-Straße – zu erreichen mit der Straßenbahnlinie 1 (www.jrbrno.cz) vom Bahnhof oder vom Mendelplatz weg (Richtung Bystrc). Die Haltestelle heißt „Výstaviště – hlavní vstup" und befindet sich höher gelegen, sodass beim Aussteigen der Vorplatz zum Messegelände gut zu überblicken ist.

Das zentral platzierte, von Vincenc Makovský geschaffene **Denkmal „Neue Zeit"** ist ein Relikt aus der Zeit des realen Sozialismus: Gut zwanzig Meter über dem Erdboden schreiten ein Mann und eine Frau mutig in die Zukunft. Sie trägt Blumen und Früchte, er einen zusammengerollten Konstruktionsplan. Dahinter befindet sich ein von einem blauen Band gesäumter, langgestreckter Flachbau, hinter dem die Kuppeln der Messehallen metallisch glänzen. Es ist das einzige Element auf dem Vorplatz, das noch aus den 1920er-Jahren stammt. Unmittelbar daran anschließend führt im gleichen Stil ein Verbindungstrakt zu einem 1959 errichteten neunstöckigen Turm, in dem die Büros der Messeverwaltung (BVV Office Centre) untergebracht sind. Wir passieren das Eingangstor.

Etappe 1: Rundgang durch das Messegelände

Die Struktur der Anlage lässt sich heute nicht mehr ohne weiteres erkennen. Für einen Rundgang ergibt es demnach auch keine vorgegebene Richtung. Wir schlagen vor, der Chronologie zu folgen und den Spaziergang zunächst an der Westseite des Areals fortzusetzen.

Da taucht als erstes historisches Gebäude der im charakteristischen Ziegelrot des Funktionalismus gehaltene **1 Pavillon der Stadt Brünn** auf, entworfen 1927 bis 1928 von Bohuslav Fuchs (→ Seite 90). Die Frontseite ist sehr schlicht, an der Rückseite schwingt sich eine elegante Spindeltreppe zum Flachdach hoch.

In unmittelbarer Nachbarschaft folgt der 1927 bis 1928 von Vlastislav Chroust geplante **2 Pavillon des Landes Mähren,** der – was Proportionen, Konzeption und Materialien betrifft – mit dem Bau von Bohuslav Fuchs

Pavillon des Landes Mähren mit U-Boot-Fenster

stumme Zwiesprache hält. Zwei U-Boot-Fenster mit gut zwei Metern Durchmesser schaffen an der Fassade des Gebäudes eine ungewöhnliche Durchsichtsituation. Die Ausstellungsbesucher, die sich hier auf der majestätischen Freitreppe nach oben drängten, konnten von den Zaungästen im Freien gesehen werden und sahen ihrerseits, was sich auf beiden Seiten des Gebäudes abspielte. Licht fiel von der Decke über ein Oberlicht in den Raum. Abends beleuchtete ein monumentaler Kristallluster die Szene.

★ UNBEDINGT HINGEHEN

Pavillon der Stadt Brünn → Seite 103

Pavillon des Landes Mähren → Seite 103

Pavillon für Handel und Gewerbe / Halle G1 und G2 → Seite 105

Die Route führt weiter entlang der Westseite des Areals, wo 2014 das **3 VIDA! Science Centre** (Křížkovského 12, Tel. +420 515 201 000, www.vida.cz, Mo 9–14, Di–Fr 9–18, Sa, So 10–18 Uhr) eröffnet hat, ein Wissenschafts-Vergnügungspark, der anhand interaktiver Exponate Technik und Natur für alle Altersstufen veranschaulicht.

Wir folgen den Orientierungspfeilen und stehen bald schon vor dem von einem Park umgebenen sogenannten **4 Bauer-Schlösschen** (Bauerův zámeček). Der ehemalige Besitzer Victor Ritter von Bauer (1870–1939) – nach dem die westlich im Pisárky-Tal verlaufende Bauerova-Straße benannt ist – gehörte zu einer der alteingesessenen deutschsprachigen Industriellenfamilien Brünns. Sein Großvater hatte um 1850 hier auf dem Gelände eine Zuckerfabrik errichtet – Grundstein für das spätere Imperium –, und auch das Schlösschen stammt aus dieser Zeit. Der Enkel studierte in Wien Jus und übernahm 1911 die Industriebetriebe und Liegenschaften der Eltern. Nach dem Zusammenbruch der Monarchie fehlten plötzlich die Absatzmärkte, was zu schweren Verlusten führte. Wohl aus diesem Grund verkaufte Bauer 1921 das Grundstück zu einem Spottpreis an die Aktiengesellschaft, die mit der Errichtung des Ausstellungsgeländes betraut war. Das Schlösschen bewohnte die Familie weiter.

Interessant für Besucher ist hier vor allem der Loos-Saal (Loosův sál, der für Meetings oder Konferenzen angemietet werden kann, sonst aber nur im Rahmen einer geführten Tour zu besichtigen ist) im Erdgeschoß, den Adolf Loos 1924 umgestaltete, wobei er die niedrigen Wände zur Gänze mit grünem Cipollinomarmor verkleiden ließ. Unter der Decke verläuft ein zierlicher Fries mit Darstellungen antiker Figuren. Auf der den Fenstern gegenüberliegenden Längsseite sind mit Messing eingefasste Spiegel in den Marmor eingelassen, die heute blind sind, was die Strenge des Raumes ein wenig mildert.

Gleich dahinter, Richtung Norden, taucht ein geheimnisvoll glitzerndes, überdimensionales Ufo

Halle Z, 1959 als neue Dominante auf dem Gelände errichtet

auf, die 5 **Halle Z** von Zdeněk Denk, Zdeněk Pospíšil, Milan Steinhauser, Ferdinand Lederer, Jiří Špaček und anderen aus dem Jahre 1959. Als das größte Investitionsvorhaben der ersten internationalen Maschinenbaumesse nach dem Krieg stellt sie aus urbanistischer Sicht eine neue Dominante auf dem Gelände dar. Die Maße des Bauwerks sind imponierend: Auf einem Durchmesser von 120 Metern erhebt sich ein Raumvolumen von rund 290.000 Kubikmetern. An den 18 Meter hohen, zylindrischen Sockel schmiegen sich im Inneren drei ringförmige, in Stufen angelegte Etagen sowie eine Zwischengalerie.

Der interessanteste und architektonisch effektvollste Teil ist das Dach – eine 46 Meter hohe Halbkugel aus Stahl, getragen von zwei spiralförmigen Rohrkonstruktionen. Die Statik stammt von Ferdinand Lederer (1906–1990), Professor für Konstruktionswesen an der tschechischen TU.

Da zum Zeitpunkt des Baues noch keine Computer zur Verfügung standen, wurden die Berechnungen an einem Modell im Maßstab 1:25 überprüft. Neben den Parabolbögen der Halle A ist die Stahlkuppel die technisch anspruchsvollste Konstruktion auf dem Messegelände, sie steht unter Denkmalschutz.

Um die Tour fortzusetzen, wechseln wir nun zur östlich verlaufenden Achse mit dem aus dem Jahr 1928 stammenden ehemaligen 6 **Pavillon für Handel und Gewerbe** (heute Halle G1 und G2) von Bohumír Čermák. Er bestand aus zwei jeweils mit Türmchen versehenen Hallen sowie einem zentralen, 45 Meter hohen gläsernen Turm als Aussichtspunkt.

Der verglaste Turm ist bis heute das interessanteste Element auf dem ganzen Areal. Er ging als Urvater aller Hochhäuser in die Geschichte ein und beeindruckt immer noch, zumal im Abendlicht, wenn die untergehende Sonne durchscheint, seine Transparenz zutage tritt und die Treppe im Zentrum wie ein Nervenstrang, ein Lebensnerv zu pulsieren scheint.

★ UNBEDINGT HINGEHEN

Palast für Handel und Industrie / Pavillon A1 und A2 → Seite 108
Flussbad Riviéra → Seite 108
Altbrünner Kloster → Seite 112

Die Wände der Halle G2 zieren historische Fotos mit Darstellungen der einzelnen Bauphasen. Unter anderem sieht man die Reproduktion eines Plakates aus dem Jahr 1907, das den Jahrmarkt zeigt, der als Vorläufer der Messen und Ausstellungen hier immer schon stattfand. Die deutsch beschrifteten Schilder über den Buden kündigen Attraktionen wie „Affenzirkus", „Elektrisches Theater", „Rodelbahn", „Hippodrom" oder ein „Riesenkind" an.

Schon seit 1896 verband eine Pferdeeisenbahn das Stadtzentrum mit dem Pisárky-Tal (Schreibwald), wie die Gegend hier heißt. Pünktlich zur Jahrhundertwende wurde die Strecke dann elektrifiziert, und von da an konnten die Brünner mit der Tramway zum Rummelplatz fahren.

Wegen gravierender Bauschäden musste der Pavillon 1996 teilweise abgerissen werden. Viktor Rudiš (→ Seite 110), Doyen der Brünner Architektenszene, nahm sich der Rekonstruktion an und fand hier zu einer eher technischen, zurückhaltenden Lösung, die dem Original ganz augenscheinlich gerecht wird.

Der gläserne Turm blieb erhalten, ebenso einer der beiden kleineren Türme; der andere wurde in veränderter Form neu errichtet. Die beiden Neubauten – Halle G1 und G2 (1996, Viktor Rudiš, Martin Rudiš, Zdeňka Vydrová) – ergänzen den alten Pavillon G zu einem Gesamtkunstwerk. Diese Verknüpfung von Alt und Neu wird gerne als Symbol gesehen – als Symbol für das ganz selbstverständliche Weiterleben des „Brünner Funktionalismus" im Architekturgeschehen der heutigen Zeit.

Ein Beispiel für die Weiterentwicklung ist der 2003 fertiggestellte, gegenüber Pavillon G liegende 7 **Pavillon F** – eine 45 Meter lange Stahlkonstruktion, bei der Martin Rudiš, Sohn des Altmeisters, souverän mit dem Thema Transparenz spielt. Das Design überzeugt genauso wie die geschickte Lösung für die natürliche Beleuchtung von oben.

Als Nächstes folgt nun im Zentrum der Nord-Süd-Achse ein eher massiver Neubau, der 8 **Pavillon V** (1999–2000, Jaroslav Dokoupil, Radoslav No-

Pavillon V zwischen Hightech und Dekonstruktivismus

votný). Mit seinem Aluminiummantel und dem gewellten Dach schwankt das im Jahr 2000 fertiggestellte Gebäude zwischen Hightech und Dekonstruktivismus.

Nun begeben wir uns wieder an die Ostseite des Areals, wo im Rahmen der Eröffnungsausstellung 1928 das Thema „Neues Wohnen“ dokumentiert wurde. Gezeigt wurden u. a. Pläne der Siedlung Nový Dům (Neues Haus), dem Brünner Vorläufer der 1932 in Wien errichteten Werkbundsiedlung, dokumentiert auch in deutscher Sprache auf www.gotobrno.cz/de/. Sie erstreckt sich am Rande des Stadtwäldchens Wilsonův les (→ Seite 97) und knüpft in ihrer Ausrichtung an die Stuttgarter Weißenhofsiedlung von 1927 an (zu erreichen mit der Straßenbahnlinie 1 vom Mendelplatz oder Bahnhof Richtung Bystrc, Haltestelle Bráfova). Sehenswert sind unter anderem Wohnbauten von Bohuslav Fuchs (Petřvaldská 6–10), Jan Višek (Drnovická 8–10) und Arnošt Wiesner (Bráfova 109 und 111). Die meisten Häuser sind heute gegenüber dem Originalzustand allerdings stark verändert und nur noch schwer zu erkennen.

Nächstes Ziel an der Ostseite des Geländes ist das ehemalige 9 **Kino Theater Café** (1928) von Emil Králík. Es hatte im ersten Stock eine Terrasse und eine überdachte Galerie, die über eine elegante Wendeltreppe an der Westseite zu erreichen waren. Von der ehemaligen Anziehungskraft ist nur mehr wenig übrig.

Wie wichtig das Thema Wohnbau für die damalige Zeit war, davon zeugt auch das nächste Objekt, der 10 **Pavillon der kunstgewerblichen Schule in Prag,** kurz „Uprum“ genannt. Pavel Janák, Prager Architekturtheoretiker und Begründer des tschechischen Kubismus, fand hier zu einer recht originellen Lösung: Statt eines klassischen Museums entwarf er ein Privathaus. So konnte er seine fortschrittliche Auffassung von individuellem Wohnen dokumentieren und hatte gleichzeitig einen Raum zur Präsentation von Kunst geschaffen (Výstaviště 1). Im Laufe der Jahre wurden die Innenräume für administrative Zwecke adaptiert, der ursprüngliche Charakter des Gebäudes ging dadurch verloren.

Der benachbarte ehemalige 11 **Pavillon der Akademie der bildenden Künste Prag** ist ein Werk von Josef Gočár, der wie Janák als Initiator neuer Ideen in die Geschichte der tschechischen Baukunst einging.

Als markanter Schlusspunkt dieser Runde folgt nun der 12 **Palast für Handel und Industrie** (heute Pavillon A1 und A2). In Zusammenarbeit mit dem Statiker Jaroslav Valenta verwirklichte der Architekt Josef Kalous eine auf parabolischen Bögen in Stahlbeton beruhende Konstruktion, die oft mit dem Hauptschiff einer Kathedrale verglichen wird. Der Industriepalast besteht aus langen, einschiffigen Bauten, die an eine Rotunde andocken und seitliche Erweiterungselemente aufweisen. Durch diese Verästelungen ergeben sich fantastische Kombinationen aus Bögen in alle Richtungen.

In den Tagen nach der Eröffnung ergoss sich ein Strom neugieriger Menschen durch diese vom Tageslicht verwöhnten Hallen mit ihren eigenwillig gebogenen Glaskuppeln. Man bestaunte den Bekamo – ein Motorrad aus dem Jahre 1928 – oder das Aero A-23, ein neuentwickeltes Transportflugzeug, oder den Tatra 121, eine Draisine, die 1926 erstmals in Produktion ging.

„Klarheit, Sauberkeit, Zweckgebundenheit, Proportion und eine überzeugende, der Konstruktion innewohnende Logik“, schreibt der Architekt Jan Višek 1925 (→ Seite 71), „diese auf Transportmittel – Schiffe, Automobile, Lokomotiven und Flugzeuge – anwendbaren Forderungen müssen sich auch in der Architektur wiederfinden.“ Besser lässt sich der Zeitgeist von damals nicht in Worte fassen.

Etappe 2: Ausflug an die „Riviera“

Um den Rundgang durch das Messegelände abzuschließen, gibt es – vor allem an heißen Sommertagen – nichts Schöneres als einen Abstecher zum Fluss mit einem Besuch des 13 **Flussbades Riviéra** (Říční lázně Riviéra, Bauerova 7, Tel. +420 533 033 800, riviera.starez.cz, Juni bis Sept. 9–19.30 Uhr). Die Ausgänge 5 oder 8 an der West-

Kathedrale des Lichts: der ehemalige Industriepalast →

seite des Areals führen auf die Bauerova – falls sie geschlossen sind, empfiehlt sich der Durchgang durch das Quality Hotel Brno (www.qualityhotelbrnoexhibitioncentre.com/de/), auf der gegenüberliegenden Straßenseite folgt man dem Schild „Do arealu Riviéra" (Zum Riviéra-Gelände) und erreicht über eine Brücke das Bad.

Das Schlüsselprojekt junger, ambitionierter Architekten um Viktor Rudiš war das 500 Meter lange Schwimmbad Riviéra, das in der ersten Hälfte der 1980er-Jahre geplant und ab 1987 schrittweise realisiert wurde. Seine heutige Gestalt erhielt es durch einen weiteren Umbau 2003 bis 2004. Dem Trakt mit den Umkleidekabinen wurde eine schattenspendende Holzmarkise vorgelagert. Die moderne Anlage schafft so etwas wie eine Wand zwischen der Stadt, der Zivilisation und dem Freizeitareal in einer wunderschönen Landschaft am Ufer der Svratka. Die parallel zum Fluss errichteten Schwimmbecken weisen unterschiedliche Tiefen auf, gehen ineinander über und imitieren den natürlichen Lauf eines Flusses. Das leichte Gefälle erzeugt ein entspannendes Wasserrauschen.

Man kann aber auch direkt vom Mendelplatz mit dem Bus Nr. 84 Richtung Židenice an die „Riviera" reisen. Von der Station „Riviéra" folgt man dem oben beschriebenen Weg. Bis 21 Uhr kann man sich auf dem Gelände aufhalten und den Tag in einer der Strandbars ausklingen lassen.

Etappe 3: Mitrovsky'sches Gartenhaus bis Mendel-Museum

Wenn es zum Baden zu kalt ist, schlagen wir folgende Alterna-

Abkühlung an heißen Tagen: das Flussbad Riviéra

tive vor: Wir gehen ca. 150 Meter durch die Veletržní-Straße zu Fuß Richtung Mendelplatz und werfen zuvor noch einen Blick auf das 14 **Mitrovsky'sche Gartenpalais** (Letohrádek Mitrovských, Veletržní 19, Tel. +420 605 972 588, www.letohradekbrno.cz, geöffnet bei Ausstellungen, Do–So 10–16 Uhr), eines dieser kleinen Lustschlösser, wie adelige Grundherren sie sich Ende des 18. Jahrhunderts gerne erbauen ließen. Zu Ehren Napoleons fand hier ein großer Ball statt. Heute kann das anmutige Schlösschen für Veranstaltungen gemietet werden.

Unser nächstes Ziel ist der Mendelplatz (Mendlovo náměstí), der von der alten Festung Špilberk überragt wird. Zwei Gebäude fallen hier vor allem auf: die klobigen Hallen der Starobrno Bierbrauerei und Gregor Mendels einstige Wirkungsstätte, das 1323 gegründete 15 **Altbrünner Kloster** mit seinen filigranen Türmchen.

Die **Starobrno Bierbrauerei** (Pivovarská Starobrno, Mendlovo náměstí 20, Tel. +420 778 782 886, +420 777 365 088, www.pivovarska-starobrno.cz, Mo–Do 11–23, Fr–Sa 11–24, So 11–22 Uhr, Führungen Sa 11 u. 13, So 11 Uhr) gehörte ursprünglich zum Augustinerkloster, ist heute im Besitz eines großen Konzerns und verfügt natürlich auch über eine Gaststätte. Hier kann man sich kurz bei einem unpasteurisierten Lager – als beste Sorte gilt 11 mit 4,7 Prozent Alkohol – stärken und in Gedanken in die Vergangenheit zurückgehen.

Das Mitrovsky'sche Gartenpalais, ein Lustschloss aus dem 18. Jh.

Es muss 1843 gewesen sein, dass Johann Gregor Mendel (→ Seite 66), der Begründer der Genetik, erstmals hier auf diesem Platz stand. Er stammte aus einfachen Verhältnissen, kam vom Land in die Stadt und hegte sicher keinen Zweifel daran, dass der Entschluss, ins Kloster einzutreten, der richtige war. Der Abt – selbst Pflanzenzüchter und vom Wert experimenteller Forschung überzeugt – erkannte die Begabung des Novizen und förderten ihn.

Seine berühmten Versuchsreihen führte Mendel im Gewächshaus des Klosters durch. Ab 1856 widmete er sich der Kreuzung von Erbsen und formulierte auf der Grundlage seiner Versuche drei Regeln, die später als „Mendelsche Vererbungsgesetze" bekannt wurden.

1866 verfasste er die bekannte Publikation „Versuche über Pflanzen-Hybride" (Pokusy s rostlinnými hybridy), mit der er die Grundlagen für die moderne Genetik schuf.

1867 wurde Mendel zum Abt gewählt und hatte von da an weit weniger Zeit für seine Forschungen. Zu Lebzeiten blieb sein Werk beinahe völlig unbeachtet. Seine Beobachtungen wurden zwar bereits 1866 publiziert, aber erst um 1900 von Wissenschaftlern entdeckt und anerkannt.

Bemerkenswert ist, dass derart bahnbrechende naturwissenschaftliche Versuche im **Altbrünner Kloster** (Starobrněnský klášter, Mendlovo námestí 1a, Tel. +420 543 424 010, mendel museum.muni.cz, Di–Fr 14–17, Sa, So 10–17 Uhr) stattfinden konnten.

Viele Augustinerchorherren wurden während der Nazizeit wegen ihres Widerstands gegen das Regime verfolgt und getötet. 1950 schließlich – als die kommunistische Ära in der Tschechoslowakei begann – wurde die Abtei säkularisiert. Nach der Wende 1989 wurde das Kloster an die Chorherren zurückgegeben. Zur Anlage gehört die gotische Basilika Mariä Himmelfahrt aus den 14. Jahrhundert (mendelmuseum.muni.cz, www.opatstvibrno.cz, Di–Sa 13.30–17 Uhr).

Anlässlich des 200. Geburtstages des Begründers der Erblehre wurde das 16 **Mendel-Museum** (Mendelovo muzeum, Mendlovo náměstí 1a, Tel. +420 549 496 669, mendelmuseum.muni.cz, Nov. bis März Di–So 10–17 Uhr, April bis Okt. 10–18 Uhr) 2022 neu gestaltet.

Hier kann man sich auf spielerische Weise über die Zelle, die DNA und die Mendelschen Erbgesetze informieren.

Abstecher: Zentralfriedhof

Mit dem Besuch des Museums könnte die Tour enden. Sie kann aber auch noch mit einem interessanten Abstecher fortgesetzt werden, indem wir am Mendelplatz in die Straßenbahnlinie 5 (www.jrbrno.cz) Richtung Ústřední hřbi-tov einsteigen. In knapp zehn Minuten ist der 1878, vier Jahre nach der Einweihung des Wiener „Vorläufers" gegründeten 17 **Zentralfriedhof** (Ústřední hřbitov, Jihlavská 1, www.hrbitovy brno.cz, tägl. 7–19 Uhr) erreicht.

Hält man sich nach dem Eingang rechts, kommt man zur Grabstätte der Augustiner mit dem **Grab Gregor Mendels.** Das rote Ziegelgebäude rechts vom Haupteingang ist die von Bohuslav Fuchs gemeinsam mit Josef Polášek entworfene **Zeremonienhalle** aus 1926.

Hinweistafeln mit der Aufschrift „K hrobum Leoše Janáčka" führen zum **Grab Leoš Janáčeks,** gestaltet von Bohuslav Fuchs, dem großen Mann des Brünner Funktionalismus.

Das Krematorium von Arnošt Wiesner, erbaut zwischen 1925 und 1930

Weiter den Hang hinauf kommt man zum von Arnošt Wiesner zwischen 1925 und 1930 gebauten **Krematorium** (Jihlavská 1). Es folgt dem Prinzip der Zikkurate, jener pyramidenartigen Tempel Mesopotamiens, mit denen die Sumerer vor 5000 Jahren die Kultur ihrer monumentalen Sakralbauten begründeten. Wiesners aus geometrischen Grundformen komponierter Bau ist mit seiner Umgebung durch eine mächtige Eingangsstiege verbunden.

Zurück am Haupteingang steigt man in die Straßenbahnlinie 5 Richtung Mendelplatz. Kurz vor der Brücke über den Fluss fällt rechter Hand ein Barockbau auf: das **Kloster der Barmherzigen Brüder** (Konvent Milosrdných bratří, Vídeňská 7, Tel. +420 773 639 638, sal.milosrdni.cz) aus dem 18. Jahrhundert mit einem modernen Konzertsaal (2003, Burian-Křivinka), der für Kulturveranstaltungen genützt wird. Mit der Option, sich vielleicht Karten für den Abend zu besorgen und wiederzukommen, endet die Tour am Mendelplatz.

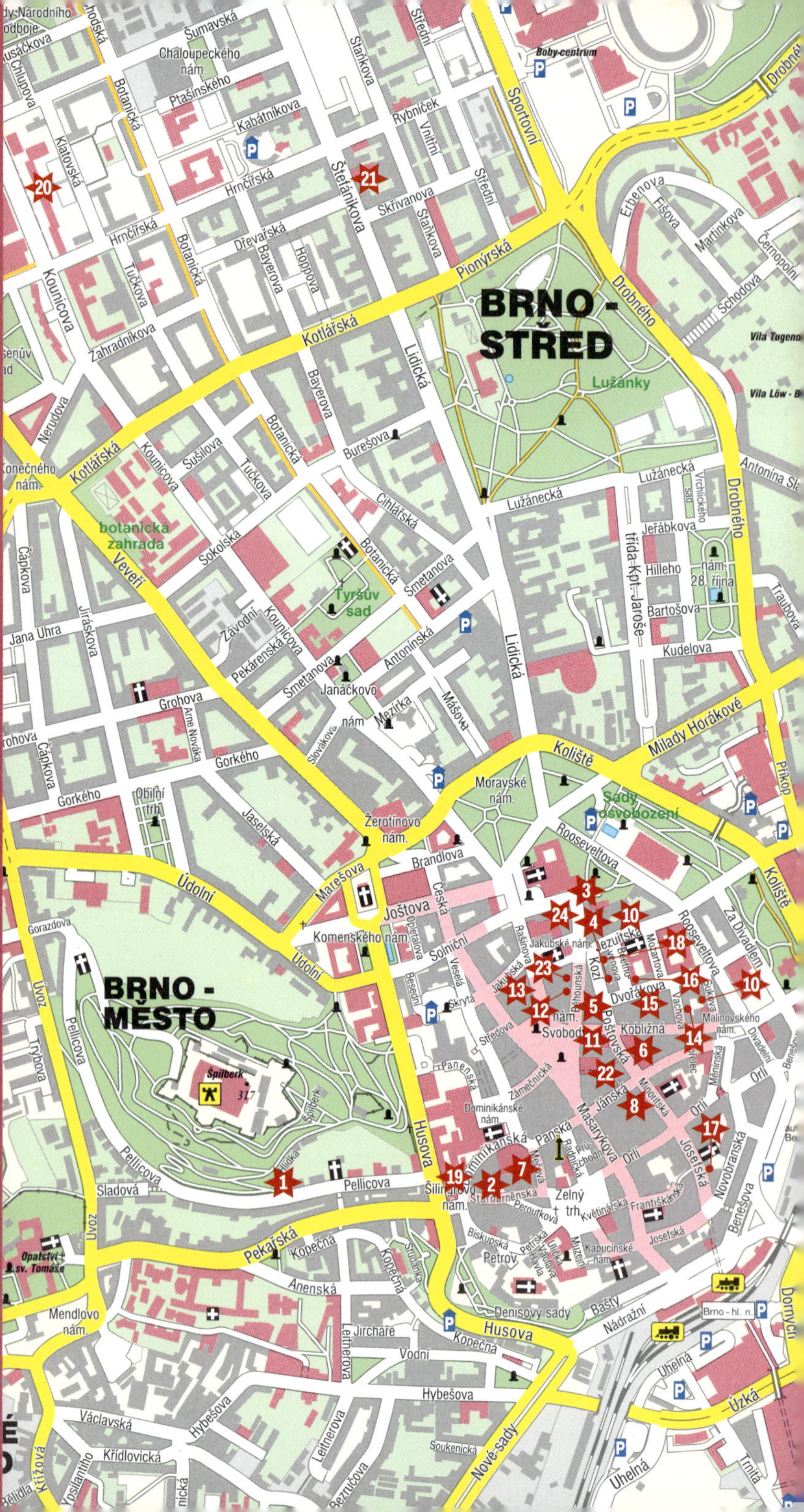
BRNO - STŘED
BRNO - MĚSTO
Lužanky
botanická zahrada
Tyršův sad
Sady osvobození
Špilberk
317
Boby centrum
Vila Tugendhat
Vila Löw-Beer
Opatství sv. Tomáše
Brno - hl. n.
Šumavská
Chaloupeckého nám.
Ptašínského
Kabátníkova
Hrnčířská
Botanická
Klatovská
Chlupova
Štefánikova
Rybníček
Vnitřní
Střední
Sportovní
Skřivanova
Staňkova
Drobného
Erbenova
Fišova
Martinkova
Černopolní
Schodová
Pionýrská
Kotlářská
Dřevařská
Bayerova
Hoppova
Tučkova
Kounicova
Zahradníkova
Nerudova
Konečného nám.
Sušilova
Burešova
Lidická
Cihlářská
Smetanova
Lužánecká
Vrchlického sad
Jeřábkova
Hilleho
nám. 28. října
Bartošova
třída Kpt. Jaroše
Kudelova
Antonína Slavíka
Traubova
Veveří
Sokolská
Čápkova
Jiráskova
Jana Uhra
Závodní
Pekařská
Antonínská
Janáčkovo nám.
Mezírka
Mášova
Slovákova
Grohova
Arne Nováka
Gorkého
Obilní trh
Jaselská
Koliště
Milady Horákové
Moravské nám.
Příkop
Žerotínovo nám.
Brandlova
Rooseveltova
Údolní
Marešova
Joštova
Česká
Komenského nám.
Opletalova
Solniční
Veselá
Besední
Skrytá
Rašínova
Jakubské nám.
Jezuitská
Mozartova
Za Divadlem
Jakubská
Kozí
Dvořákova
Běhounská
nám. Svobody
Poštovská
Kobližná
Malinovského nám.
Středova
Panenská
Zámečnická
Jánská
Minoritská
Divadelní
Orlí
Měnínská
Dominikánské nám.
Dominikánská
Panská
Radnická
Průchodní
Masarykova
Josefská
Novobranská
Šilingrovo nám.
Starobrněnská
Peroutkova
Zelný trh
Květinářská
Františkánská
Biskupská
Petrská
Petrov
Kapucínské nám.
Denisovy sady
Bašty
Nádražní
Goraždova
Pellicova
Úvoz
Třebízského
Sladová
Hlinky
Husova
Kopečná
Anenská
Studánka
Mendlovo nám.
Jircháře
Leitnerova
Vodní
Hybešova
Václavská
Křídlovická
Ypsilantiho
Křížová
Bělidla
Bezručova
Soukenická
Nové sady
Uhelná
Úzká
Trnitá
Dornych
Benešova
1
2
3
4
5
6
7
8
10
11
12
13
14
15
16
17
18
19
20
21
22
23
24

BrasilFest Brünn

7 Best of Brno-Nightlife

In einer Stadt mit 65.000 Studierenden gehen abends nicht so schnell die Lichter aus. Dass hier auf zwei Dutzend Bühnen jeden Abend Theater gespielt, gesungen oder getanzt wird, spricht auch für das Publikum. Niemand bleibt hier abends zuhause, egal zu welcher Altersgruppe er oder sie gehört. Die Liste der Music Clubs ist lang. Zwischen Juni und September liegt die Stadt im Festivalfieber. „Cocktail-Capital" und „Dance-Mekka" sind zwei der neuen Beinamen, die Brünn sich zugelegt hat, doch sie spiegeln nur einen Teil dessen wider, was hier so läuft.

„Hostinec" heißt Gasthaus, „Hospodo" Beisl, „Restaurace" Restaurant, „Kavárna" Café, „Vinárna" Weinstube und „Pivnice" Bierlokal – neuerdings ist auch die „Pivoteka" im Umlauf – das nur zur Orientierung. Wobei die Grenzen zwischen den „Genres" immer öfter fließend sind und in der Kavárna oder Pivnice es auch was zu essen gibt, genauso wie man in den meisten Restaurants einfach nur einen Kaffee oder ein Bier bestellen kann, ohne schief angeschaut zu werden. Dabei folgen die Öffnungszeiten keinen genauen Regeln, auf sie sollte man kurz ein Auge werfen, bevor man loszieht. Generell gilt in der Gastonomie striktes Rauchverbot.

Uprostřed – Crossover Festival im öffentlichen Raum

Bei den im Rahmen dieser Route vorgestellten Lokalen handelt es sich durchwegs um gut etablierte Adressen, und auch von den Bars und Clubs haben wir nur jene ausgewählt, die nicht Gefahr laufen, im nächsten Halbjahr zu schließen. Die meisten von ihnen liegen im Zentrum und sind zu Fuß gut erreichbar.

Von der Blue hour im Park in die Pivnice

An lauen Sommerabenden gibt es keinen schöneren Start in den Abend, als am Spielberg („Špilas" im Brno-Slang) oder den Denis-Gärten an einer der von der Sonne aufgewärmten Balustraden zu lehnen und auf die Stadt zu schauen, eine von der Jugend in Brünn hochgeschätzte Aperitifvariante. Das Bier bringt man mit oder kauft es an einem der Kioske. In der kalten Jahreszeit bietet sich für das erste Bier des Abends eine der gemütlichen Pivnice an.

1 **U Alberta** (dt. „Bei Albert", Pellicova 10, Tel. +420 732 100 750, Mo–So 15–23 Uhr) am Fuße des Spielbergs geht es ein bisschen wie auf einer Hütte in den Bergen zu, gemütlich jedenfalls.

Als Anlaufstelle für Beer-Lovers und alle, die es werden wollen, etablierte sich etwas stadteinwärts 2 **Malt Worm** (Starobrněnská 12, Tel. +420 777 845 875, maltworm.cz, Mo, Di, 16–24, Mi–Sa 16–1, So 16–23 Uhr), ein stilvoller Pub mit hübscher Außenterrasse.

Die Suche nach dem optimalen Biererlebnis führt uns weiter in das Viertel rund um den Jakobsplatz. 3 **Výčep Na Stojáka** (dt. „Stehausschank“, Běhounská 16, Tel. +420 702 202 048, www.vycepnastojaka.cz, Mo–Fr 12–23.30, Sa, So 14–23.30 Uhr), kurz „Stojanka“, wirkt auf den ersten Blick unscheinbar, ist aber meist gesteckt voll und sehr beliebt. Das Bier stammt aus tschechischen Mikrobrauereien und ist im Stil der 1920er-Jahre gebraut.

Ein paar Gassen weiter lauert die „grüne Katze“, das 4 **Zelená Kočka Pivárium** (Dvořákova 3, Tel. +420 775 566 602, pivarium-brno.cz, Mo–Sa 16–24 Uhr). Auch hier gestaltet sich ein Besuch zum Erlebnis, nicht nur wegen des Retro-Interieurs, das der unter der ersten tschechischen Republik bekannten Brauerei Dalešice nachempfunden ist, sondern auch wegen Spezialitäten wie fermentiertes Ale, India Pale Ale und weitere Craft-Biere aus kleinen, unabhängigen Brauereien, die mit der richtigen Temperatur und kompaktem Schaum an die Tische gebracht werden.

Ganz oben auf der Beliebtheitsskala bei den Locals steht 5 **Lokál U Caipla** (Kozí 3, Tel. +420 731 594 671, www.lokalucaipla.ambi.cz, Mo–Do 11–24, Fr, Sa 11–1, So 11–22 Uhr). Vielleicht deshalb, weil auch gleich eine Story mitgeliefert wird: die von Alois Caipla, der um 1900 hier ein Lokal eröffnete, das zur Institution wurde. Es büßte nie seine Beliebtheit ein, selbst in Zeiten des Krieges und später im realen Sozialismus. Heute schätzt man es wegen der Rund-um-die-Uhr-Verpflegung

★ Pivo oder Kofola?

Brno ist stolz auf seine Biertradition und das Biertrinken passiert hier nicht einfach so nebenbei, es wird zelebriert.

Ein Bier ist in der Regel ein Krügel. Das Seidl (0,3) ist selbst bei Damen ein No-Go.

Wenn es heißt: Gehen wir auf ein Bier, sagt man „Jít na jedno“, was so viel bedeutet wie „Gehen wir auf eins?“, in Wirklichkeit sind es aber mindestens drei … Wenn man sich zuprostet, sagt man übrigens „Na zdravi“, „Zum Wohl“. Das typische Gericht, das in einer Pivnice zum Bier auf den Tisch kommt, nennt sich Topinky – Schwarzbrotscheiben, die in Schmalz gebraten und mit Knoblauch bestrichen werden. Klassisch ist auch der Nakládaný hermelín, eine Art Camembert, der mit Gewürzen und Knoblauch mariniert und manchmal auch paniert und in Öl herausgebacken wird.

Seit der letzten Jahrtausendwende liegen auch in der Tschechischen Republik Mikrobrauereien stark im Trend. Dank der Kleinproduktion können sie öfter experimentieren und spezielle Biersorten anbieten. Daneben erlebt Kofola, das alkoholfreie Kultgetränk der 1960er-Jahre, eine Renaissance. Der Name spielt auf Coca-Cola an, das im Land lange verpönt war, weil es als das kapitalistische Konsumgut schlechthin galt.

Chick Corea beim JazzFestBrno

mit erstklassigem Pilsner und den bei Hipstern beliebten Burgern. Die „Kritzeleien" an den Wänden sind Kunstwerke lokaler Größen, deren Witze – so man sie versteht – urkomisch sind.

Wer tiefer in die Materie eindringen will, begibt sich in die 6 **Pivovar Harry** (Poštovská 3, Tel. +420 773 015 395, www.harry.beer, Mo–S 12–24 Uhr), eine Mikrobrauerei mitten in der Innenstadt, wo originelle Ales ausgeschenkt werden und es jeden Monat ein anderes Spezialbier zum Verkosten gibt.

Von der Vinaria zur Vinothek

Die Brauereitradition darf nicht darüber hinwegtäuschen, dass Südmähren ein traditionelles Weinland ist. Wenn Weinausschank oder Weinkeller früher eher einer Spirituosenhandlung glichen, wo man sich den Vorrat für daheim in mitgebrachte Behälter abfüllen ließ, so sind die heutigen Vinarias schicke In-Lokale, die ihren Gästen das Tor zur Weinwelt Mährens öffnen.

Das 7 **Retro Consistorium** (Mečová 4, Tel. +420 543 210 175, www.retroconsistorium.cz, Mo–Fr 11.30–24, Sa 16–24, So 12–16 Uhr) pflegt hingebungsvoll sein Image als moderne Vinaria mit Restaurantbetrieb. Man sitzt unter einem alten Deckengewölbe und lässt sich von einem versierten Sommelier zum Thema Pálava, mährischer Muskat, Ryzlink vlašský, Hibernal, Cabernet Moravia, Neronet, Agni und Frankovka beraten.

Die 8 **Vinotéka U Tří knížat** (dt. „Vinothek zu den drei Prinzen", Jánská 12, Tel. +420 733 122 317, www.vinotekautriknizat.cz, Mo–Sa, 10–12.30 und 13.30–21 Uhr) hingegen ist ein Klassiker und führt tief hinab in die historischen Kellergewölbe aus der Renaissance.

Vom Konzertsaal zum Open-Air-Event

Bis heute verteidigt Brünn eisern seinen Ruf als Theaterstadt. Viele Bühnen sind auch tatsächlich ständig ausverkauft und einige, wie etwa das HaDivadlo mit seinem experimentellen Ansatz (→ Seite 81) oder das Stadttheater mit seinem Musicalschwerpunkt (→ Seite 60), bringen Produktionen auch in englischer Sprache.

Eine gute Gelegenheit, Theaterluft zu schnuppern, ergibt sich jedes Jahr beim **JazzFestBrno** (www.jazzfestbrno.cz), das immer im Frühjahr über die Bühne geht. Von März bis Mai werden sämtliche legendären Locations der Stadt bespielt – vom HaDivadlo über das „Gans am Schnürchen", das Theater Reduta bis hin zum Besední dům und der Janáček-Oper. Formal laufen die Abende nach dem erprobten Format der Doppelkonzerte ab, ergänzt um Nacht-Jam-Sessions. Auf der Bühne stehen außergewöhnliche Gäste aus dem Ausland sowie die Besten der inländischen Szene.

Die Liste der Festivals wird von Jahr zu Jahr länger (siehe Infoteil S. 127) und Brünn konkurriert erfolgreich mit anderen

Kabinet Múz – Kultur-Location mit Atmosphäre

Good vibrations im Soul Bistro

Städten des Landes um den Titel „Kulturmetropole".

Wie breit das Spektrum künstlerischer Genres ist, die beim Publikum der mährischen Hauptstadt Anklang finden, lässt sich im **9 Kabinet Múz** (Sukova 49/4, www.kabinetmuz.cz, Mo–Fr 11–24, Sa 12–24, So 17–24 Uhr) überprüfen. Die offizielle Bezeichnung „Music-Theater-Gallery-Café-Bar" deckt noch lange nicht alles ab, denn da ist noch der Vynilladen „Kabinet Records" (Mo–Sa 11–19 Uhr) und „Die Küche" (Mo–Fr 11–19, Sa 12–18 Uhr), aus der alles hundert Prozent vegan und hausgemacht auf den Tisch kommt.

Hostinec, Bistro oder Restaurace?

Auch wenn es „nur" ums Essen geht, schätzt man es in Brünn, wenn eine Idee, ein Konzept, eine Geschichte mitgeliefert wird.

„Live to eat, not eat to live" ist die Devise im stets gut besuchten **10 Soul Bistro** (Jezuitská 7, Tel. +420 773 179 212, Mo–Fr 8–22, Sa 10–23 Uhr) mit begehrten Standards wie cremigen Suppen, Fish & Chips und verführerischen Desserts.

Das Beste aus zwei Welten – in dem Fall aus Bar und Bistro – will man im **11 Atelier** (Kobližná 2, Tel. +420 731 199 434, atelierbar.cz, Di–Do 17–23, Fr, Sa 17–24 Uhr) umsetzen, das heißt, es gibt unkompliziertes Essen und sehr anspruchsvolle Drinks u. a. auch Naturweine tschechischer Winzer.

Unbedingt reservieren sollte man im **12 Element** (Běhounská 7, Tel. +420 725 912 467 element-brno.com, Mo–Do 17–24, Fr, Sa 12–1 Uhr). Nach Jahren in London und im Rest der Welt kehrte Tomáš Reger vor kurzem zurück in seine Heimatstadt, „weil sich da gerade so viel tut", und eröffnete zusammen mit Barkeeper Jan Liška eine Mischung aus Fine-Dining-Restaurant und Cocktail-Bar.

Rundgang durch die Barszene

Wir befinden uns noch immer im „Bermudadreieck" rund um den Jakobsplatz, dem Epizentrum des Brünner Nachtlebens, und werfen zunächst einen Blick in die

13 **Malej Velkej Bar** (dt. „die kleine große Bar", Jakubské náměstí 2, Tel. +420 732 956 960, Di–Do 16–1, Fr 16–3, Sa 18–3), womit alles schon gesagt ist: Auf engem Raum geht es hier hoch her, vor allem an den Wochenenden.

Ziemlich ausgefallen, um nicht zu sagen genial, ist das 14 **4pokoje** (Nightclub & Bistro 4pokoje, Vachova 6, Tel. +420 770 122 102, www.Miluju4pokoje.cz, So–Di 8–15 und 17–2, Mi, Do 8–15 und 17–3, Fr, Sa 8–15 und 17–5 Uhr), ein gemütlicher Gewölbekeller, der sowohl für einen Aperitiv als auch für einen Absacker gut ist, ganz zu schweigen vom Thai Food und vom Frühstück, das sich hier ebenfalls sehen lassen kann.

Auch die 15 **ROTOR Bar** (Dvořákova 12, Tel. +420 720 409 475, Mo–Do 8–1, Fr 8–3, Sa 17–3 Uhr) passt sich den jeweiligen Erfordernissen des Tages an: Kaffee am Morgen, am Nachmittag ungestörtes Treffen mit einem Geschäftspartner, am Abend nettes Tête-à-Tête bei einem Cocktail oder einem Glas Wein, Whisky oder Rum.

Die 16 **Bar, který neexistuje** (dt. „Bar, die nicht existiert", Dvořákova 1, Tel. +420 734 878 602, www.barkteryneexistuje.cz, So, Mo, Di 17–2, Mi, Do 17–2.30, Fr, Sa 17–3.30 Uhr) machte lange bevor sie eröffnete schon von sich reden. Sie ist die angesagteste Bar von Brünn. Der Signatur-Drink nennt sich bezeichnenderweise „Extravagantní" und besteht aus London Dry Gin, weißem Portwein, Zuckersirup, Jasmintee und Mango-Avocado-Mix. Reservierung empfohlen!

17 **Jekyll & Hyde** (Josefská 5, jhbar.cz Mi, Do 18–1, Fr, Sa 18–2)

Fine Dining im Element

wiederum ist ein Newcomer. Hier sagt der Name ja schon alles: Wir bekommen Einblick in das Labor von Dr. Jekyll und dürfen uns durch gut ein Dutzend Signature-Cocktails kosten.

Die ganze Welt, vertreten durch ein breites Sortiment an Vintage-Rum, Whisky und Whiskey, Gin, Absinth und Branntwein trifft sich in der 18 **SHOT BAR** (Kozí 12, Tel. +420 602 518 386, www.shotbar.cz, Mo–Sa 17–2 Uhr). Die Barkeeper beherrschen traditionelle Rezepte, kreieren aber auch – so gewünscht – was Neues, noch nie Dagewesenes.

Absacker im Club 4pokoje

Wie 19 **Super Panda Circus** (Šilingrovo náměstí 3/Eingang Husova, Tel. +420 734 878 603, www.superpandacircus.cz, Mo–Sa 18–2 Uhr) zu seinem Namen kam, ist nicht ganz klar, fest steht, dass diese sehr beliebte Bar mit originellen Cocktails und extravagantem Ambiente aufwartet. Wo sonst, bitte schön, finden sich auf der Karte Rum, angereichert mit Räucherspeckaroma, mit Kombucha fermentierter Tuareg-Tee oder Kokosmilch, versetzt mit Kefirkulturen?

Vom Studentenclub in die stylishe Lounge

Was Brünn für Nachtschwärmer mitunter anziehend macht: Viele der Lokale verströmen noch dieses romantisch-suburbane Wir-Gefühl, dem andere Großstädte längst nachtrauern.

Das 20 **Alterna** (Kounicova 48, Tel. +420 541 212 091, www.alterna.cz, Mo–Do 17–1, Fr 17–2, Sa 18–2, So 18–1 Uhr) kann als Prototyp eines selbstverwalteten Studentenclubs durchgehen: bunte Wände, schummriges Licht, eine Bar, eine Bühne und ringsum vollbesetzte Tische.

Das 21 **Fléda** (Štefánikova 24, Tel. +420 533 433 559, www.fleda.cz, Mo 19–3, Di 19–24, Mi 15–4, Do 19–4, Fr 8–22, Sa 9–4 Uhr), eine Kurzform von Fledermouse House, behauptet sich seit 2005 als Fixpunkt der Szene. Es war der erste Club in Brünn, der interna-

Maison Club & Lounge – cool und cosy

tionale DJs eingeladen hat. Bei den Partys geben Electronic, Dub und Techno den Ton an. Zwei Bühnen werden bespielt und man wechselt zwischen mehreren Sälen oder zieht sich zum Chillen in den ruhigeren Teil des Lokals zurück.

Der 7. Himmel 22 **7 Nebe** (Jánská 9, Tel. +420 602 518 386, www.7nebe.cz, Mi, Do, Fr, Sa 21–6 Uhr) hält sich auch schon erstaunlich lang. Hier weiß man immer, woran man ist. Jeder Tag der Woche ist einem bestimmten Musikgenre gewidmet: EDM, House, Disco, RnB und Latino wechseln sich ab.

Kurz nach Mitternacht, wenn erste Zeichen von Müdigkeit auftreten, ist es Zeit, sich in einer weich gepolsterten Lounge zurückzulehnen und den Abend Revue passieren zu lassen.

Die 23 **Maison Club & Lounge,** (Běhounská 9, Tel. +420 777 858 223, maisonclublounge.cz, Mi, Do 17–2, Fr, Sa, 21–5 Uhr) kommt da gerade recht.

Und für den letzten Drink des Abends sollte man unbedingt im 24 **Posledni leč** (dt. „Zu guter Letzt", Jakubské náměstí 5, Tel. +420 777 859 856, Mo–Fr 17–3, Sa, So 18–3 Uhr), das zum Theater Bolka Polívky (divadlobolkapolivky.cz) gehört, vorbeischauen. Bühne und Bar gibt es seit ewigen Zeiten, beides verströmt noch den „Duft" der Bohème der 1990er-Jahre.

Informationen und nützliche Adressen

ANREISE

Auto

Von Wien nach Brünn sind es 130 Kilometer. Die Strecke kann in knapp zwei Stunden zurückgelegt werden. Tempolimits für Pkw: Im Ortsgebiet 50, sonst 90, auf Schnellstraßen 110, auf Autobahnen 130 km/h. Zur Vermeidung von Problemen empfiehlt es sich, die Grüne Karte mitzuführen.

Auf Autobahnen und Schnellstraßen bedarf es einer Vignette, erhältlich an den Grenzübergängen, auf Postämtern und an einigen Tankstellen. Preis: für 10 Tage CZK 310,–/€ 13,–. Auf tschechischen Straßen gilt strengstes Alkoholverbot (0,0 Promille). Licht am Tag ist ganzjährig für alle Fahrzeuge vorgeschrieben. Pannenhilfe des Zentralen Automobilklubs (UÁMK): Notruf 1230.

Bahn

Zwischen Wien (Hauptbahnhof, Meidling) und Brünn verkehren direkte Züge im Zwei-Stunden-Takt. Die Reisedauer beträgt 1 Std. 24 Min. Der Hauptbahnhof Brünn (hlavní nádraží) liegt direkt im Stadtzentrum.
www.oebb.at, www.bahn.de
www.sbb.ch

Bus

Zwischen dem Vienna International Busterminal (VIB) und dem Busbahnhof Zvonařka in Brünn verkehren regelmäßig Busse. Die Fahrt dauert 1 Std. 45 Min.
www.eurolines.at

Angebote Flixbus: www.flixbus.at
Die tschechische Agentur Student Agency bietet mehrmals täglich Fahrten von Wien (Busterminal Stadioncenter, Engerthstraße) nach Brünn (Grandhotel) an. Fahrtdauer: 1 Std. 55 Min.
www.studentagency.cz

Flug

Der internationale Flughafen Brünn-Tuřany (Letiště Brno-Tuřany) liegt sieben Kilometer südöstlich von Brünn. Mit der Buslinie E 76 erreicht man in 20 Min. die Innenstadt, d. h. den Hauptbahnhof. Abfahrt jede halbe Stunde von 5.30 bis 22.30 Uhr.

Zwischen 23.22 und 7.22 Uhr verkehrt stündlich der Nachtbus N89.
https://www.brno-airport.cz/en/

AUSFLÜGE IN DIE NÄHERE UMGEBUNG

Masaryk-Ring

In der Nähe von Brünn wurde 1987 eine neue Rennstrecke ausgebaut – der Masaryk-Ring (Masarykův okruh) oder Automotodrom Brünn. Sofern keine Trainings stattfinden, können auch Privatpersonen die Strecke mieten und den 5,3 Kilometer langen Parcours mit seinen 14 Kurven testen.

Mit der Straßenbahn Nr. 8 bis Dunajská/Starý Lískovec.

Weiter mit dem Bus Nr. 402 bis Ostrovačice-Start (Masarykův okruh). Während großer Veranstaltungen fährt regelmäßig der Bus Nr. 400 vom Mendlovo náměstí zum Ring.
www.automotodrombrno.cz

Brünner Stausee

Der Brünner Stausee ist ein beliebtes Erholungsgebiet und wird im Sommer zum Baden und Angeln, im Winter zum Langlaufen und Schlittschuhlaufen gerne aufgesucht. Straßenbahn Nr. 1, 3, 11 – Richtung Bystrc, Haltestelle „Přístaviště".

AUSKUNFT

Infostelle in Wien

Tschechische Zentrale für Tourismus – CzechTourism, Österreich & Schweiz
Penzinger Straße 11–13, 1140 Wien,
Tel. +43 1 892 02 99,
www.czechtourism.com

Brünn im Internet
www.gotobrno.cz
www.brno.cz

Infostellen in Brünn

Informační centrum TO JE Brno
Panenská 1,
Tel. +420 513 039 035,
+420 602 404 246

Stará radnice (Altes Rathaus)
Radnická 8, Tel. +420 542 427 150,
+420 542 427 151

Weitere Infostellen
www.gotobrno.cz/de/informationszentrum

ALLGEMEINE INFORMATIONEN

Notruf

Europaweite Universalnummer 112
Polizei 158, Arzt 155
Feuerwehr 150

Telefon

Die Vorwahl vom Ausland nach Brünn ist +420

Öffnungszeiten

Für fast alle Museen und Galerien gelten je nach Saison unterschiedliche Öffnungszeiten. Bei Geschäften kann man davon ausgehen, dass sie wochentags zwischen 9 und 18 Uhr geöffnet haben, samstags bis 13 Uhr. Einige Ausnahmen wie die Tesco Hypermarkets haben rund um die Uhr geöffnet.

Feiertage

1. Jänner: Neujahr
Karfreitag, Ostermontag
1. Mai: Internat. Tag der Arbeit
8. Mai: Tag der Befreiung vom Faschismus
5. Juli: Tag der hl. Cyrill und Method
6. Juli: Jan-Hus-Tag
28. September: Tag der tschechischen Selbstständigkeit
28. Oktober: Nationalfeiertag
17. November: Tag der Freiheit und Demokratie
24.–26. Dezember: Weihnachten

Geld

Die Tschechische Krone (CZK) wird in 100 Heller unterteilt.
1 CZK ist 0,042 Euro, 1 Euro entspricht CZK 23,59 (Stand: März 2023).

Über den aktuellen Wechselkurs kann man sich unter www.oanda.com informieren.

Trinkgeld

Service ist nicht inbegriffen, es ist daher üblich, die Summe aufzurunden und zwischen fünf und 15 Prozent Trinkgeld zu geben.

Öffentliche Verkehrsmittel

Tickets für Straßenbahn, Bus und O-Bus erhält man an den Fahrscheinautomaten der größeren Haltestellen, an den Verkaufsstellen der Stadtbetriebe (DPMB), am Zeitungskiosk, in Postämtern und Bahnhöfen. Nachtbusse verkehren stündlich vom Hauptbahnhof weg.

Der einfachste Weg, einen Fahrschein zu kaufen, ist „beep&go" – der kontaktlose Ticketkauf direkt am Automaten in der Straßenbahn oder im Bus. Dazu benötigt man lediglich eine Kreditkarte.
www.pipniajed.cz/en.html

Nach dem ersten Check-in berechnet das System ein Basisticket für 25 CZK, das 60 Minuten lang gültig ist. Tickets für 24 h, fünf Tage oder vierzehn Tage können unter dem Button „Andere Tickets" gewählt werden.

Fahrpläne und Streckenübersicht unter
www.dpmb.cz oder idos.idnes.cz/de/vlakyautobusymhdvse/spojeni/

Taxi

Der Taxitarif setzt sich aus Grundgebühr (CZK 60,–) und Kilometerpauschale (ca. CZK 30,–) zusammen. In jedem Fall ist es ratsam, vorher zu fragen, was die Fahrt kosten wird. Taxistandplätze finden sich am Bahnhofsplatz (Nádražní), am Malinovského náměstí in der Joštova-Straße, am Šilingrovo náměstí, am Mendlovo náměstí und am Busbahnhof Zvonařka.

City Taxi Brno 14004 bietet Taxiservice mit englischsprachigen Fahrern.
Tel. +420 542 321 321,
Mobil 777 014 004,
www.citytaxibrno.cz
Auch „Uber" und „Bolt" sind in Brno verfügbar.

Parken

Da die Innenstadt fast zur Gänze Fußgängerzone ist, stellt man seinen Wagen am besten in einer Parkgarage oder auf einem bewachten Parkplatz ab. Man findet sie z.B. bei der Galerie Vaňkovka, in der Mečová-Straße, am Mährischen Platz oder in der Panenská. Die Preise variieren und liegen zwischen CZK 30,– und CZK 60,– pro Stunde.

Brno per Bike

Wer Brünn mit dem Fahrrad erkunden will, findet hier Möglichkeiten:
www.nextbikeczech.com/en/mesto/brno-en/

KULTUR

Klassische Musik

JAMU, Musik-Fakultät der Janáček-Akademie f. Musik und darstellende Kunst
Komenského náměstí 6,
Tel. +420 542 591 604, www.hf.jamu.cz
Brno Philharmonie
Komenského náměstí 8,
Tel. +420 539 092 811,
www.filharmonie-brno.cz
Kloster der Barmherzigen Brüder
Vídeňská 7, Tel. +420 773 639 638,
www.sal.milosrdni.cz

Theater & Oper

Die Abendkassen öffnen in der Regel eine Stunde vor Vorstellungsbeginn.

HaDivadlo, Alfa-Passage, Poštovská 8d, Tel. +420 530 330 869, www.hadivadlo.cz

Janáček Musiktheater
Rooseveltova 1–7, Tel. +420 542 158 236, www.ndbrno.cz

Mahen-Theater
Malinovského náměstí 1, Tel. +420 542 158 236, www.ndbrno.cz

Stadttheater Brno, Lidická 16, Tel. +420 533 316 396, www.mdb.cz

Theater Bolka Polívky
Jakubské náměstí 5, Tel. +420 542 212 692, www.divadlobolkapolivky.cz

Theater Husa na provázku
Zelný trh 9, Tel. +420 542 123 425, www.provazek.cz

Theater in der Orlí, Orlí 19, Tel. +420 542 591 800, www.divadlonaorli.jamu.cz

Theater Radost, Bratislavská 32, Tel. +420 545 321 273, www.divadlo-radost.cz

Theater Reduta, Zelný trh 4, Tel. +420 542 158 111, www.ndbrno.cz

Theater Polárka
Tučkova 34, Tel. +420 778 493 207, www.divadlopolarka.cz/english

Festivals/Veranstaltungen

Music Maraton Brno: www.maratonhudby.cz/about

Pop Messe, www.popmesse.cz

Brasil Fest, www.brasilfestbrno.cz/en/homepage-2022/

Serial Killer - Festival der Serien und TV-Shows, www.serialkiller.tv/en/

Festival Uprostřed – „Mittendrin" – Musik- und Theaterfestival, das den ganzen Sommer an verschiedenen Orten im Stadtzentrum stattfindet, www.festivaluprostred.cz

Štetl Fest – Festival jüdischer Geschichte und Kultur www.stetl.cz/en/stetl-fest-1

Meeting Brno: Multi-Genre-Kulturfestival, das scheinbare Gegensätze überwindet www.meetingbrno.cz/de/einfuhrung/

The Day of Brno – historical festival, www.ticbrno.cz/en/day-brno

März bis Mai: JazzFestBrno, www.jazzfestbrno.cz/en/home-2023-2/

April: Osterfestival sakraler Musik, www.mhf-brno.cz/en

Mai: Nacht der Museen, brnenskamuzejninoc.cz

Mai: Theater World Brno, internationales Theaterfestival, www.divadelnisvet.cz/de

Mai bis Juni: Starobrno Ignis Brunensis, Feuerwerk-Festival, www.ignisbrunensis.cz

Juni: Mozarts Kinder, Absolventen-Konzerte der Brno Musikhochschule, www.filharmonie-brno.cz/en

Juni bis Juli: Open-Air-Theaterfestival im Bischofshof, www.mdb.cz/en

Juli: Monat der Literatur mit Autorenlesungen, www.autorskecteni.cz

Juli: Mendel Festival, www.mendelje.cz/en/about-festival/

August: Internationales Musikfestival auf der Burg Špilberk, www.filharmonie-brno.cz/en

September: Babylonfest, Folkmusik der kulturellen Minderheiten, www.babylonfest.cz

November: Janáček-Festival, www.janacek-brno.cz/de/ und www.leosjanacek.eu/de/

Dezember: Brünner Weihnachten, www.brnenskevanoce.cz/en

Musiclubs

BACH

Brněnská Asociace Clubové Hudby nennt sich der Zusammenschluss sämtlicher gut etablierter Clubs der Stadt.

bach.events/club/listing

Film

Kino Scala
Moravské náměstí 3, www.kinoscala.cz
Kino Art, Cihlářská 19, www.kinoart.cz
Kino Lucerna – ältestes Lichtspieltheater
Minská 19, www.gotobrno.cz/en/place/lucerna-cinema-kino-lucerna/
Multiplex Cinema City Velký Špalíček
Mečová 695/2, www.gotobrno.cz/de/ort/cinema-city-velky-spalicek/
Open-Air-Kino
Nová Zbrojovka, Lazaretní 925/9
Místodržitelský palác, Moravské náměstí 1a
Letní kino Brno na Dvoře MdB, Lidická 12
Letní kino Špilberk, Letní terasa
Letní kino Brno-střed, Dominikánská 2

Museen

Haus der Kunst, Dům umění města Brna, Malinovského náměstí 2, www.dum-umeni.cz
Jurkovič-Villa, Jana Nečase 2, moravska-galerie.cz/kontakt/jurkovicova-vila/ oder www.gotobrno.cz/de/ort/villa-jurkovic-jurkovicova-vila/
Kunstgewerbemuseum
Husova 14, www.moravska-galerie.cz
Leoš-Janáček-Museum
Smetanova 14, www.mzm.cz/de/leos-janacek-gedenkstaette
Lustschloss Mitrovský
Veletržní 19, www.letohradekbrno.cz
Mährische Galerie im Palais Pražák
Husova 18, www.moravska-galerie.cz
Mährisches Landesmuseum im Bischofshof, Muzejní 1, www.mzm.cz
Mährisches Landesmuseum im Palais Dietrichstein, Zelný trh 8, www.mzm.cz/dietrichsteinsky-palac
Mährische Galerie im Statthalterpalais
Moravské náměstí 1a, www.moravska-galerie.cz
Mendelianum im Bischofshof
Muzejní 1, www.mendelianum.cz
Mendel-Museum im Augustinerkloster
Mendlovo námestí 1a, www.mendelmuseum.muni.cz
Museum der Roma-Kultur
Bratislavská 67, www.rommuz.cz
Museum der Stadt Brünn
Burg Špilberk, www.spilberk.cz
Technisches Museum
Purkyňova 105, www.technicalmuseum.cz
VIDA! Science Centre
Křížkovského 12, www.vida.cz
Villa Löw-Beer
Drobného 22, www.vilalowbeer.cz
Villa Stiassni
Hroznová 14, www.vila-stiassni.cz
Villa Tugendhat
Černopolní 45, www.tugendhat.eu

Galerien

Galerie Aspekt
Údolní 13, www.galerieaspekt.com
Architekturgalerie, Starobrněnská 18, www.galerieachitektury.wordpress.com
Galerie D, Lidická 7, www.galerie-d.cz
Fait Gallery, Ve Vaňkovce 2, www.faitgallery.com
Galerie G99, Haus der Herren von Kunštát, Dominikánská 9, www.dum-umeni.cz
Off Format, Gorkého 41, www.offformat.cz
Art Gallery Brno
Veveří 455/8, www.artgallerybrno.cz/
Galerie TIC
Radnická 4, www.galerie-tic.cz/en

Stolpersteine

Stolpersteine.cz dokumentiert die in der Tschechischen Republik verlegten metallenen Gedenktafeln mit den Namen jüdischer Holocaustopfer.

Synagoge

Synagoge Agudas Achim
von Otto Eisler aus dem Jahr 1936
Skořepka 13, Anmeldung: jüdische Gemeinde Brünn, Tel. +420 602 441 943, www.jewishbrno.eu

Friedhöfe

Zentralfriedhof
Bei TIC Brno liegt eine Broschüre auf, die über die Ehrengräber Auskunft gibt,
Jihlavská 1, Jän., Feb., Nov., Dez. 7–17, März u. Okt. 7–18, April bis Sept. 7–19 Uhr, www.hrbitovybrno.cz

Jüdischer Friedhof
Nezamyslova 27, April u. Okt. 9–17 Uhr, Nov. bis März 9–16 Uhr, 24., 25., 26., 31. Dez. und 1. Jän. 9–13 Uhr. Am Samstag und zu den großen jüdischen Feiertagen bleibt der Friedhof geschlossen. Freitags schließt er immer eine Stunde früher.
www.zob.cz

ESSEN, TRINKEN

Märkte

Krautmarkt
Zelný trh, Mo–Fr 6–18, Sa 9–14 Uhr

Flohmarkt Alfa-Passage
Poštovská 8, Sa 15–18 Uhr
Termine: www.blesi-trhy-brno.cz

Restaurants

Es gilt striktes Rauchverbot in der Gastronomie.

Zu den Themen Coffeeshops, Konditoreien, Bierlokale, Bars & Vinotheken und Gourmetlokale veröffentlicht TIC Brno eigene kleine Booklets, die immer wieder aktualisiert werden. Die Publikationen sind sowohl für Locals als auch für Gäste gedacht, basieren auf unabhängigen Tests und listen bewährte Adressen mit High-quality-Angeboten auf.
www.gotobrno.cz/en/taste-brno/

Vegetarisches

Vegalite, Slovákova 10, Tel. +420 737 430 552, www.vegalite.cz
Café Pilát, Kapucínské náměstí 5, Tel. +420 603 974 496
Forky's, Jezuitská 1, Tel. +420 515 908 665, www.forkys.cz
Zdravý Život, dt. „Gesundes Leben", Jaselská 11, Tel. +420 549 211 081, www.zdravyzivot.com

GAY BRNO

Lemon Music Club, Pekařská 400, Tel. +420 777 951 619, www.facebook.com/lemonmusicclubbrno/
Nest Bar, Hybešova 8, Tel. +420 731 329 382, www.nestbar.cz/
But Bar, Husova 8a, Tel. +420 608 602 952, www.butbar.cz/

ÜBERNACHTEN

Luxushotels

Barcelo Brno Palace, Šilingrovo námestí 2, Tel. +420 532 156 777, www.barcelo.com
Hotel Grandezza, Zelný trh 2–3, Tel. +420 542 106 010, +420 603 888 789, www.grandezzahotel.cz

Design-Hotels

Hotel Continental, Kounicova 6, Tel. +420 541 519 111, www.continentalbrno.cz
Hotel Avion, Česká 20, www.avion-hotel.cz

Hotel Passage, Lidická 23, Tel. +420 530 352 100, www.hotelpassage.eu

Historische Hotels

Hotel Royal Ricc, Starobrněnská 10, Tel. +420 542 219 263, www.royalricc.cz/de/
Grandhotel Brno, Benešova 18–20, Tel. +420 542 518 136, grandhotelbrno.cz/de/
Pegas, Jakubská 4, Tel. +420 542 210 104, www.hotelpegas.cz
Hotel Slavia, Solniční 17, Tel. +420 542 321 249, www.slaviabrno.cz (wird restauriert. Wiedereröffnung 2025)

Tagungshotels

Hotel International, Best Western Premier, Husova 16, Tel. +420 542 122 111, www.hotelinternational.cz
Orea Congress Hotel, Křížkovského 47, Tel. +420 543 141 111, www.orea.cz/hotel-congress
Fair Hotel, Rybářská 19, Tel. +420 530 513 561, www.fairhotel.cz/en/
Courtyard by Marriott, Holandská 12, Tel. +420 515 519 519, www.marriott.com/en-us/hotels/brqcy-courtyard-brno/overview/

Erlebnis-Hotels

Anybody hotel
Zelný trh 10, Tel. +420 723 400 929, www.anybody.cz/welcome
10-Z Bunker, Husova 13, Tel. +420 542 210 622, 10-z.cz/online-rezervace/
Franz Kafka Špitál, Kolište 43, Tel.+420 602 580 796, franzkafkaspital.cz/en/

Bed & Breakfast

Penzion Placzek, Minoritská 4, Tel. +420 602 205 555, www.cafeplaczek.cz
Penzion Venezia, Dominikánské náměstí 5, Tel. +420 542 212 570, www.pensionevenezia.cz
Apartments U Tomana
www.utomana.cz/en/apartments-u-tomana

Hotel and Apartment Jacob, Jakubské náměstí 7, Tel. +420 542 210 466, www.jacobbrno.cz

Hostels

Hostel Fléda, Štefánikova 24, Tel. +420 731 651 005, www.hostelfleda.com
Hostel u Minoritů, Minoritská 10, Tel. +420 775 534 538, www.hosteluminoritu.cz
Hostel Eleven, Dominikánská 11, Tel. +420 734 622 338, www.hosteleleven.com
Hostel John Galt, Novobranská 4, Tel. +420 773 606 840, www.johngalthostel.cz
Wake Up Wellness Hostel, Křenová 8, Tel. +420 604 702 199, en.wakeuphostel.cz
Schrott Bed&Beer, Křenová 10, Tel. +420 725 750 256, schrottbedbeer.business.site/

Bildnachweis

Archiv Moravske galerie: Seite 97
Jan Cága: Seite 23
Pavel Gabzdyl: Seite 71
Katharina Gossow: Seite 3 (Reihe oben li.), 4, 6, 8, 13, 14, 15, 17, 20, 24, 28, 29, 31, 32, 37, 39, 43, 50, 53, 54, 55, 57, 59, 61, 62, 73, 77, 85, 87, 88, 94, 95, 98, 101, 102, 103, 105, 107, 109, 110, 111
Irene Hanappi: Seite 3 (Reihe oben Mitte, Reihe unten re. und li.) 18, 19, 21, 23, 26/27, 33, 34, 40, 41, 42, 43, 44, 45, 46, 47, 49, 51, 56, 58, 60, 67, 69, 72, 75, 78, 79, 80, 81, 82, 89, 91, 93, 112, 113, 120,
Marie Schmerkova/Magistrat der Stadt Brünn/Czech Tourism: Seite 3 (unten mitte)
Martin Zeman/JazzFestBrno: 118
David Zidlicky: Seite 64/65
Michal.Ruzicka.com: 115, 116
Kabinet Múz: 119
Filip Urban (efa.cz): 121
Michaela Dobiášová: Seite 3 (Reihe unten re., 122
alexandrez_off: 123

KLEINES WÖRTERBUCH

Aussprache

Á, á langes [A] wie in Kater
C, c wie [Ts]
Č, č wie [tsch]
Ď, d' weiches D, wie [Dj]
É, é langes [Ä] wie in Bände
Ě, ě wie [Je]
H, h zwischen zwei Vokalen wie das deutsche [H], sonst wie ein sanftes [Ch]
í, ý langes [I] wie in Sieb
Ň, ň weiches [N] wie in Tonja
Ó, ó langes [O] wie in Rose
Ř, ř wie [Rsch]
Š, š wie [Sch]
Ť, t' ie [Tj]
Ú, ú langes [U]
V, v wie [W]
Z, z stimmhaftes [S], wie Tz
Ž, ž wie [J] in Journalist

Wichtige Wörter und Grußformeln

ja/nein | *ano/ne*
bitte/danke | *prosím/děkuji*
Wie bitte? | *Prosím?*
Hilfe! | *Pomoc!*
Entschuldigung! | *Promiňte!*
Guten Morgen! | *Dobré jitro!*
Guten Tag! | *Dobrý den!*
Guten Abend! | *Dobrý večer!*
Gute Nacht! | *Dobrou noc!*
Auf Wiedersehen! | *Na shledanou!*
Hallo!, Tschüss! | *Ahoj!*
alt/neu | *starý/nový*
gut/schlecht | *dobrý/špatný*
groß/klein | *velký/malý*
Eingang | *vchod*
Ausgang | *východ*
geöffnet/geschlossen | *otevřeno/zavřeno*
Frauen | *ženy*
Männer | *muži*
Toilette | *záchod*
Wie bitte? | *Co prosím?*
Wie ist Ihr Name? | *Jak se jmenujete?*
Mein Name ist ... | *Jmenuji se ...*
Wie geht es Ihnen/dir? | *Jak se máte/máš?*
Danke. Und Ihnen/dir? | *Děkuji. A vy/ty?*
Ich verstehe Sie/dich nicht. | *Nerozumíem vám/ti.*
Wie spät ist es? | *Kolik je hodin?*
Wie viel kostet das? | *Kolik to stojí?*
Sprechen Sie Englisch/Deutsch? | *Mluvíte anglicky/německy?*
Ich verstehe. | *Rozumím.*
Ich verstehe nicht. | *Nerozumím.*
Ich verstehe kein Tschechisch. | *Nerozumíem po česky.*

Unterwegs

links/rechts | *nalevo/napravo*
geradeaus | *rovně*
nah/weit | *blízko/daleko*
Straße | *ulice*
Platz | *náměsti*
Bahnhof | *nádraži*
Stadtzentrum | *centrum města*
Theater | *divadlo*
Museum | *muzeum*
Kirche/Kloster | *kostel/klášter*
Schloss/Burg | *zámek/hrad*
Markt | *trh*
Garten | *zahrada*
Bank | *banka*
Postamt | *pošta*
Krankenhaus | *nemocnice*
Apotheke | *lékárna*
Parkplatz | *parkoviště*
Kaufhaus | *obchodni dům*
Autobahn | *dálnici*
Fluss | *řeka*
Vorsicht! | *Pozor!*
Polizei | *policie*
Wo ist ...? | *Kde je ...?*
Wo kann ich telefonieren? | *Kde mohu telefonovat?*

Können Sie mir helfen? | *Můžete mi pomoct?*
Gibt es hier eine Touristeninformation? | *Je tu někde turistická informace?*
Haben Sie einen Stadtplan? | *Máte plan města?*
Wie viel kostet das? | *Kolik to stojí?*
Das gefällt mir. | *Te se mi nelíbí.*
Ich nehme es. | *Vezmu si to.*

Zahlen

eins | *jeden, jedna (fem.)*
zwei | *dva*
drei | *tři*
vier | *čtyři*
fünf | *pět*
sechs | *šest*
sieben | *sedm*
acht | *osm*
neun | *devět*
zehn | *deset*
zwanzig | *dvacet*
dreißig | *třicet*
vierzig | *čtyřicet*
fünfzig | *padesát*
sechzig | *šedesát*
siebzig | *sedmdesát*
achzig | *osmdesát*
neunzig | *devadesát*
einhundert | *sto*
eintausend | *tisíc*

Wochetage/Monate

Montag | *ponděli*
Dienstag | *úterý*
Mittwoch | *středa*
Donnerstag | *čtvrtek*
Freitag | *pátek*
Samstag | *sobota*
Sonntag | *neděle*

Jänner | *leden*
Februar | *únor*
März | *březen*
April | *duben*
Mai | *květen*
Juni | *červen*
Juli | *červenec*
August | *srpen*
September | *září*
Oktober | *říjen*
November | *listopad*
Dezember | *prosinec*

Im Restaurant

Restaurant | *restaurace*
Gasthaus, Beisl | *hospodo*
Bierkeller | *pivnice*
Weinstube | *vinária*
Café | *kavárna*
Konditorei | *cukrana*
Guten Appetit! | *Dobrou chut'!*
Prost! | *Na zdraví!*
Frühstück | *snidaně*
Mittagessen | *oběd*
Abendessen | *večeře*
Die Speisekarte, bitte! | *Jídelní lístek, prosím!*
Die Rechnung, bitte! | *Zaplatím, prosím!*
Rauchen verboten! | *Kouření zakázáno!*

Trinken

Getränk | *nápoj*
Wasser | *voda*
Mineralwasser | *minerální voda*
Saft | *džus*
Bier | *pivo*
Rotwein | *červené víno*
Weißwein | *bílé víno*
Kaffee | *káva*
Kaffee mit Milch | *bílá káva*
Schwarzer Kaffee | *černá káva*
Tee | *čaj*
Schokolade | *čokoláda*
Milch | *mléko*

Essen
Suppe | *polévka*
Vorspeise | *předkrmy*
Hauptspeise | *hlavní jídlo*
Tagesgericht | *nabídka dne*
Fleisch | *maso*
Fisch | *ryby*
Beilagen | *prílohy*
Gemüse | *zelenina*
Gebäck/Brot | *pečivo/chléb*
Nachspeise | *zákusky*
Kuchen | *dort*
Obst | *ovoce*
Zucker | *cukr*
Salz | *sůl*
Pfeffer | *pepř*

Im Hotel
Hotel | *hotel*
Haben Sie ein Zimmer frei? | *Máte volné pokoje?*
Einzelzimmer | *jednolůžkový*
Doppelzimmer | *dvoulůžkový*
... mit Dusche/Bad | *se sprchou/s koupelnou*
... für eine Nacht | ... *na jednu noc*
... für eine Woche | ... *na týden*
Wie viel kostet das Zimmer pro Nacht? | *Kolik stojí ten pokoj na jednu noc?*
Ich habe ein Zimmer reserviert. | *Rezervoval jsem si pokoj.*
Schlüssel | *klíč*
Kann ich mit Kreditkarte bezahlen? | *Mohu zaplatit kreditní kartou?*
Wo kann ich parken? | *Kde mohu parkovat?*

Register

FALTER
VERLAG

BRATISLAVA

Irene Hanappi

Eine Anleitung zu umfangreichen Kultur-, Ess- und Erkundungstouren in der Hauptstadt der Slowakei (auch in englischer Sprache erhältlich).

136 Seiten, € 14,90

CITY TOURS